目覚めたら、戦争。

過去《いま》を忘れないための現在《かこ》

鈴木 耕

はじめに——銃声で目覚めたくはない

目が覚めたら、戦争が始まっていた。

私たちの国日本で、まさかそんなことが起こるわけはない。むろん、私だってそう思っていた。少なくとも、二〇〇一年の、あの九月一一日までは。

戦争の世紀と呼ばれた二〇世紀が終わり、新しい世紀は戦争のない平和な時代として明けるだろう、と思われた。たぶん、世界中の誰もがそう望んでいたに違いない。しかし、その期待は裏切られた。

九・一一。アメリカの二つの巨大なビルが崩れ落ちた。

ブッシュ大統領は、即座に「対テロ戦争」を宣言し、私たちの国の小泉純一郎首相(当時)は、世界中のどの国の首脳よりも早く「ブッシュの戦争支持」を宣言してしまった。平和であるべき新世紀は、かくして血塗《ちまみ》れの幕を切って落とした。

以降のアメリカの進み行きは、まさに古いハリウッド製西部劇の再放送。誰の言うことも聞かずに、二丁拳銃ぶっ放して世界中を走り回る。

強固な日米同盟を誇る日本であるならば、そんなアメリカに対して、少なくとも「冷静になって対処するよう」呼びかけねばならないはずだった。だが、小泉首相が選んだのは、またもや金をばら撒いて自衛隊をイラクへ送り込み、ブッシュ大統領に全面協力する道であった。

送り込まれた自衛隊は、「引きこもり軍隊」と揶揄《やゆ》されつつ、イラク・サマワでひたすら時の過ぎるのを待った。一人の戦死者も負傷者も出さずに、自衛隊は撤退することができたけれど、いったい何をしたのか、その活動実態はさっぱり報道されなかった（ただし、航空自衛隊は、いまだにイラクで活動中である）。

戦争は、こうして突然、私たちの目の前に現実となって立ち現れた。ある朝、銃声で目覚めるということが、絵空事ではなくなったのである。

テレビが速報を伝える。

「臨時ニュースをお伝えします。紛争地○○○で活動中の自衛隊が、反政府武装勢力と交戦状態に入り、自衛隊員五名が戦死した模様です」

そんなことが起きないと、誰が確約できようか。

ほんの数年前までは、「日本も戦争のできる国になりつつある」などと警鐘を鳴らしても、「何を寝ぼけたことを言っているのか」と、一笑に付されたものだった。しかし、いまはどうか。さまざまな軍事の臭いのする法律が、次から次へと成立していく。

そして、安倍晋三首相は、ついに本丸「憲法九条」の陥落を目指して、具体的に動き始めた。本丸を攻める前には、まず外堀を埋めなくてはならない。教育基本法の改定、防衛庁の省昇格、憲法改定のための国民投票法の制定――。本丸は、いまや裸の城である。

私たちはもう一度、出城を築き、深い堀を掘り返さなければならない。そうしなければ、九条は孤立してしまう。安倍政権は参院選で惨敗したけれど、それでも改憲の野望を捨てたわけではないようだ。いや、むしろ意地になって改憲へ突っ走りかねない。危ない。

一人の外国兵も殺さず、一人の自衛隊員も外国兵に殺されることなく、戦後六〇年あまりを過ごして来られた日本の、その平和の裏付けこそが、九条ではなかったか。なぜ、いまになって、それを捨て去ろうとするのか。九条に、どんな不都合があるのか。

海外で、とくに紛争地で活動しているNPOのボランティアたちは、ほとんどが口を揃えてこう言うのだ。

「日本がこれまで、どんな国とも銃火を交えることなく、外交交渉に徹してきたからこそ、信用され、感謝されて活動できるのです。憲法九条がその裏付けだということを、危険な地域では、とくに感じます。日本が誰にも銃口を向けない。それがすべての信用の基なのです」

その信用が崩れつつあるという。せっかく築き上げた平和国家のイメージ。これはお金や武力では決して手に入れることのできない貴重な財産なのだ。それを捨て去って、代わりにいったい何を手に入れたいのだろうか。

それにしても、私たちの国は、この先どこへ舵をきるのか。

安倍政権の今後を読み解く力など私にはないけれど、安倍晋三という人物が、憲法改定をあきらめないことだけははっきりしている。彼の祖父である岸信介元首相の顔が、安倍氏の顔と二重写しになる。安倍氏は、歴史に名前を残すことが最大の望みであるという。そのためには、何があっても憲法に手をつけたい。祖父が果たせなかった「黒い夢」を実現させて「憲法改定を実現させた宰相」という称号を歴史に刻みたいのだという。「参院選で歴史的な敗北をこうむった首相」という評価では満足できないらしいのだ。

むろん、大した力になるとは思えないが、それでも私は活字のつぶてを、九条改憲を目論む者たちに、放ち続けたいと思う。九条の揺るぎない日が訪れるまで、ネット上で、紙上で、書き続けたいと思う。

この本に収められた文章は、二〇〇六年五月からほぼ一年間、ウェブサイト『マガジン9条』に連載されたコラム「今週のキイ」のうち、鈴木耕が書いたものをまとめ、若干の加筆訂正(注や補足を加え、誤字、脱字などを正した)をほどこしたものである。

このコラムには、数人のメンバーが参加したが、主に鈴木が文責を負った。鈴木が関与していない回の文章は、この本では割愛した。

内容については、知己の多くのジャーナリスト、編集者、評論家などの方々からの情報やアドヴァイスを参考にさせていただいた。

筆　者

目次

装幀●ｍ９デザイン

第1章　私たちは「劇場の夢」を見ていたのか

どんなに天気が爽やかでも、東京の真ん中辺りには、いつでもどんよりとした雲がかかっているらしい。最近も、なんだか薄黒い雲が、鈍く低く、巨大な石造りの空虚な建物を覆いそうに漂っている。

妙な法案が徘徊しているのだ、永田町近辺を。この町内、ほんとうに現代のものけたちの棲家である。

で、その妙な法案とは何か。

「共謀罪」という。

アイ・コンタクト禁止！——「共謀罪」について

これ、簡単に言えば「犯罪を実行しなくても事前にその犯罪について話し合った（謀議した）だけで、罪に問うことができる」という、そうとうにキナ臭い、恐ろしい法律である。正式には「組織犯罪処罰法改正案」（組織的な犯罪の処罰及び犯罪収益の規則等に関する法律）という。このなかに、その恐ろしい「共謀罪」（組織的な犯罪共謀罪）が含まれているというわけだ。

名前だけ聞けば、けっこうな法律のようだ。組織犯罪、誰しもイヤだし。しかし、これには実は前提があった。

テロや人身売買、麻薬取引など、国際的な組織が絡む犯罪を未然に防止しようという「国際的な組織犯罪の防止に関する国際連合条約」が、この法律の背景にあるのだ。つまり、国家の枠を越えてはびこる組織犯罪を撲滅しようという国際条約を批准するうえでの国内法の整備というのが、この「組織犯罪処罰法」の建前になっているのだ。

この条約には日本も二〇〇三年五月に批准した。批准国は〇六年四月現在、すでに一一九カ国に達している。世界中から組織犯罪をなくす。その方向性は正しい。誰も文句なんかつけられない。しかし例によって、これを名目に日本の官僚や政府・自民党は暴走を始める。とにかく、なんでも自分の都合のいいように利用してしまう性質を持っている人たちである。「この条約の国内関連法として、共謀罪を含む法律を作る」と言い出したのだ。ならば「国際的犯罪集団」だけを対象にすればいいものを、国内犯罪にまでその範囲を広げようというのだ。まったく、ちょっと目を離すと何をしでかすかわからない。

第一の問題点は、なんといっても、その適用範囲が広いこと。

初期の目的であったはずの「国際組織犯罪」など、いつの間にかどこかへ飛んで行ってしまった。なにしろこの「共謀罪」の対象になるのは、四年以上の懲役または禁固刑にあたるすべての犯罪だというのだ。その数なんと、六二〇種類にも及ぶという。万引き、窃盗、酒の無免許製造、詐欺、脱税――。ちょっとした犯罪なら、ほとんどが対象となる。これらのいったいどこが「国際組織犯罪」と関係あるのか。

とにかく複数で「犯罪を相談し」たら、それでオシマイ。

よく例に出されるのだが、住民運動で「マンション建設反対を目的とした抗議の座り込みの相談」をしただけでも、「共謀罪」に問われかねない。むろん、政府や官僚は「そんなことにならないよう縛りをかけてある」と言う。だが、そんな言葉が、ましてや政府の言うことが、信用できるだろうか。

なにしろ「自衛隊のいるところは非戦闘地域」という、まさに歴史に残る詭弁答弁で見事に窮地を切り抜けた首相が率いる政府のこと、このような詭弁、必ず「共謀罪」でも登場するだろう。

どうということのない酒場でのバカ話の盛り上がりも、逮捕への一里塚にならない保証はない。「あの野郎、アッタマきたぜ、こんどみんなでボコボコにしようぜ」は、完全にアウトだぜ、そこのお若いの。

しかし、ここにも「お目こぼし」がある。自首したり内部告発した人の刑は軽減する、という規定があることだ。しかし、内部告発なんてこんなところで使う言葉じゃない。これは企業の不正や官公庁の談合など、権力への対抗手段として使われる言葉だ。この法律では「チクリ」である。

つまり、チクったヤツは無罪、チクられた人は有罪。そういうこと。

これでは、ほとんど密告社会、監視社会である。

権力にとって都合の悪い連中をやっつけるため、ある集まりにスパイを潜入させ、議論をムリにでも過激な方向へ煽動する。そのうえで、会合の様子をスパイは警察にタレ込む。集まっていた人たちは、一網打尽。スパイは内部告発だから罪には問われない。それこそ権力側の思うツボ。

権力に逆らう連中は、いつだって御用にできる。考えてみると、権力側にとってこんなにオイシイ法律はない。

この「共謀罪」について、保坂展人《のぶと》衆議院議員に話をうかがったことがある。彼は、国会の審議で次のような、呆れた答弁を返されたことがあるという。

「たとえば、何かを話していて、その話題については何も言葉は発しなかったけれど、目配せでウンウンと同意を示した、というような場合はどうなるのか」という問いに、「時と場合によるが、共謀罪に問われることもある」と、法務省の役人が答えたというのだ。

うなずいただけで、逮捕っ⁉

スポーツの世界でよく言われる「アイ・コンタクト」なんか、じきに死語になりかねない。

それにしても不思議なのは、またしても公明党だ。なぜ自民党と一緒になってこんな悪法を通そうとするのか。

彼らの支持母体である創価学会の初代会長は、戦前、獄死している。権力が組織を潰そうとするときの冷酷さを、身に沁みて知っているはずだ。それとも、知っているからこそ権力から離れたくない、と考えているのか。創価学会員の一人ひとりに、ほんとうの胸のうちを聞いてみたいと、切実に思う。

もうあまり知っている人もいなくなってしまったようだが、戦前「横浜事件」という大冤《えん》罪《ざい》事件があった。

（注・戦時中の特高警察による、編集者、学者などに対する言論弾圧事件。一九四二年、雑誌『改造』に掲載された評論家・細川嘉六《かろく》氏の論文が共産主義の宣伝文書にあたるとして、神奈川県特高警察が細川氏を検挙。その際に押収された富山県泊《とまり》温泉での宴会写真を、共産党再建会議の証拠としてでっち上げ、多くの編集者や研究者が逮捕された）

慰安旅行先の旅館で宴会を開いたときの浴衣がけの写真をほとんど唯一の証拠として、「共産党再建会議」を行ったという容疑で、改造社、中央公論社、岩波書店、朝日新聞社、日本評論社などの編集者や満鉄調査部の研究者など多くが逮捕されたのだ。うち二名が獄中で死亡。出獄後すぐに二名が死亡。むろん、凄惨な拷問があったという。

これがただの慰安旅行だったということは、当時の旅館の女将の証言からも確実だとされている。ところが、権力は過ちを認めない。つい最近、冤罪を晴らそうという遺族らの訴えを、裁判所は門前払いした。権力犯罪は、いつの時代でも狡猾かつ強大なのだ。

同じようなことが二度と起きないと、誰が言えるか。この「横浜事件」を知っている人たちのほとんどが、「共謀罪」に同じ危うさを感じているという。

（〇六年五月一〇日）

かつて、「ＹＫＫ」と称された仲間がいた。

自民党のなかの若手で、これから首相の座を狙おうという生きのいい人たちがいて、そのうちの有望株三人が、派閥の枠を越えて勉強をしながら友情を育んでいた。その三人のイニシャルから「ＹＫＫ」と呼ばれた。で、そのＹは山崎拓氏、Ｋのお二人が加藤紘一氏と小泉純一郎氏。それが年を経て、現在のようになりましたとさ、という政界おとぎ話。

ほとんど忘れていたこんな言葉をなぜ持ち出したか。実は、面白い記事を読んだのがキッカケである。

不思議な仲間たち──「ＹＫＫ」の三人

（二〇〇六年）五月一二日付けの『毎日新聞』コラム「記者の目」に少し驚いた。

（注・このコラムは、現役記者が署名＆顔写真つきで思ったことを率直に書くことで、かなりの人気のある連載である）

そこに、伊藤智永（政治部）という記者が、次のように書いていたからだ。

―見出し―

小泉改革とは何だったのか
決断、単純化、そして号令
それに応えた「私」たち

―記事―

5年前、小泉純一郎首相が自民党総裁に選ばれることが確実になった前夜、山崎拓前副総裁から聞いた小泉評は忘れがたい(もう時効と考え、山崎氏にはオフレコ解禁をお許しいただこう)。

「いいか、君たちびっくりするぞ。30年も国会議員をやっているのに、彼は政策のことをほとんど知らん。驚くべき無知ですよ」

すぐにそれは証明された。記者会見や国会審議で、小泉首相は集団的自衛権とは何か理解していないことが露見したのだ。憲法を変えるの変えないのと迷走し、陰で家庭教師役の山崎氏は四苦八苦していた。

戦後日本の平和がよって立ってきた安全保障の基礎にまったく無関心だった小泉首相が、その3年後、自衛隊を初めて海外の戦地に派遣した。「不戦の誓い」を口にして毎年、靖国神社を参拝した。派遣の判断基準は「常識」、参拝の理由は「心の問題」と言い張って。私は5年たった今も、首相は集団的自衛権を説明できないのではと疑っている。こ

れらが外交・安保における小泉改革だった。(以下略)

この後も伊藤記者は、小泉改革の内政におけるいい加減さ無知ぶりを、かなりキック指摘している。現場でずっと小泉首相を見続けてきた記者が書いたものだけに、かなりの迫力である。そして、読みながら肌が粟立った。

そういえば、私の知人のベテラン政治記者(伊藤記者ではない)が、似たような話をしていたことを思い出した。

「YKKはよく一緒に酒を飲んでいた。酒席では、加藤さんと山拓さんがかなり熱の入った政策論議をしていたが、小泉さんはほとんど議論には加わらず、一人手酌で酒を飲むばかりだった」

友人として付き合ってはいても、山拓氏も加藤氏も、小泉さんの空っぽな中身を知っていた。それにしても、友人二人が「我が国の将来について喋ってい」るのに、雨でも降ってきたのか「問題は今日の雨、傘だよなあ」と、一人酒。陽水か、お前は、と突っ込んだところでしょうがない。悲しい。

しかし、冷静に考えてみると、実に恐ろしい。

政策にとことん無知な人が、なんの弾みか首相という最高権力者にまで登りつめた。そして、ブッシュ大統領に気に入ってもらいたいという一心で「ブッシュの戦争」に、世界中のどの国の指導者よりも早く賛成を表明。さらに集団的自衛権のなんたるかも知らぬまま、自衛隊海外派兵を可能にする数々の法律を矢継ぎ早に作り、さらにそれを恒久化するために、憲法にまで手をつけようとしている。まさに、真っ黒なギャグではないか。

考えない首相は、自民党タカ派がやろうとしてさすがに実現できずにいたキナ臭い政策を、事実、ほとんど深く考えることもなく、タカ派議員や官僚たちに担がれたまま次々に法制化していった。自分を支持してくれるなら、それがタカだろうがハトだろうが、この人にとっては関係ないらしい。とりあえず、神輿《みこし》の担ぎ手の多いほうへなびいてしまうのだ。

「テロ対策特別措置法」（平成十三年九月十一日のアメリカ合衆国において発生したテロリストによる攻撃等に対応して行われる国際連合憲章の目的達成のための諸外国の活動に対して我が国が実施する措置及び関連する国際連合決議等に基づく人道的措置に関する特別措置法）から始まり、「自衛隊法改定」「武力攻撃事態法」（武力攻撃事態等における我が国の平和と独立並びに国及び国民の安全の確保に関する法律）などの「有事関連三法」、そして「イラク特措法」（イラクにおける人道復興支援活動及び安全確保支援活動の実施に関する特別措置法）など。さらには「教育基本法改定」「共謀罪」「憲法改正手続きを定める国民投票法」「沖縄の米軍再編に伴う特別立法」と、危ない法案は続く。この九月の任期末を睨み、とにかく人気のあるうちになんでもかんでも懸案の政策・立法は片付けておこうということなのだろう。

そして、究極の「小泉改革」こそ「憲法改定」への道筋だ。

「無知な人」がその無知ゆえに、中身のないワンフレーズを連発する。長く喋れば、当然、無知が露呈するのだから、ワンフレーズにならざるを得ない。それをテレビは「映りがいいし、短時間にピタリと収まる」というだけの理由で、連日繰り返し放送する。有権者への刷り込みである。

それにしても、盟友であったはずの山崎氏に「無知」とまで酷評された小泉首相が五年間もその椅子に座り続け、この国の「戦後を総否定」して、アッケラカンと去って行く。この五年間を振り返ってみると、その恐ろしい足跡が不気味に将来につながっているのが見える。どこかで、そのつながりを断ち切らなければ。

たとえば沖縄の基地問題のように、中身もよく吟味しないまま「うまくまとめといてよ」と、外相や防衛庁長官、官僚たちに適当に指示してあとは知らん顔。ツケは沖縄の人たちと後継首相に押し付けたままグッドバイ。

小泉首相と会ったときの稲嶺恵一沖縄県知事(当時)の苦渋に満ちた顔と、それと対照的な薄ら笑いの小泉首相のツーショット写真が、なによりも雄弁にこの事実を物語っていた。

「言っとくけど、首相なんてなってみるとそんなにいいもんじゃないよ。苦労ばっかりだし」なんて、最近どこかのパーティーで能天気に述べていた。

ならば、ならないでほしかった。

(二〇〇六年五月一七日)

「共謀罪」について書いたところ、りくにすさんとおっしゃる読者の方から質問が届いた。

りくにすさんは、「『共謀罪』に『治安維持法』を連想し、生理的嫌悪感を持った」と書いていらっしゃる。まったく当然の感覚だと思う。この法案に嫌悪感を抱かないほうがどうかしている。そのうえで、三つの質問を提起してくださった。

①諸外国では、すでに(法律が)整備されているのか?

②日本の法律と違うというが、具体的にどんな感じなのか?

③その新しい法律は成果をあげたのか?

なんにも調べちゃいなかった――再び「共謀罪」について

で、お答えしようと張り切って調べたのだが、ほとんど資料が見つからない。いろいろ調べて、(二〇〇六年)五月一七日付け『東京新聞』に、やっと次のような驚くべき(というより呆れ果てた)記事を見つけた。

―見出し―

「議論尽くした」と言うが――
乱用・拡大解釈
共謀罪尽きぬ懸念
海外の適用範囲調査不足

―記事―

「『わかりません』と言われて、『ああ、そうですか』。そんな口頭でのやりとりしか、していなかったんですか」。十日の衆院法務委で民主党の川内博史議員が、外務省国際社会協力部の辻優参事官の答弁にあきれたように問い返した。

二〇〇〇年の国連総会で採択された国際組織犯罪防止条約は、締約国に「共謀罪」の国内法整備を課した上で、適用対象を懲役・禁固四年以上の犯罪にすることを求めている。日本の法律では対象犯罪は約六百に上る。

例えば、マンション建設に反対するため「座り込みをしよう」と相談しただけで、組織的威力業務妨害の共謀罪に問われかねない。市民団体や労働組合が「捜査当局の乱用が怖い」と反発する理由だ。

民主党の修正案はこうした批判に配慮し、「適用対象を、懲役・禁固五年を超える犯罪」として、対象犯罪を約三百に絞り込んだ。また適用するのは「国境を越えた国際的な組織的犯罪」に限るという縛りもかけている。だが、こうした修正は条約の趣旨に反する、というのが政府の立場だ。

では既に共謀罪を備えている締約国に、懲役・禁固四年以上の罪はどれほどあるのか。冒頭の川内議員が聞いたのは、そんな素朴な疑問だった。

「大使館の書記官が、英米、カナダの政府担当者に質問しましたが、『把握していない』と言われました」——。辻参事官の答弁は、法案を審議するための基礎的なデータさえ、極めて不十分なことを露呈させた。

十六日に答弁に立った伊藤信太郎外務政務官が再調査の結果を公表したが、大半の先進諸国から得た答えはやはり「把握していない」。フランスから「刑法に限れば二百十の犯罪がある」という答えがあっただけだった。

「そんなあいまいな状況で『四年以上』という条約の文言を守る必要があるのか」。野党側からは怒りの声が上がった。(以下略)

ちょっと引用が長くなってしまったが、呆れる。

政府・与党はすでに二回も廃案になっているいわくつきのこの法案を、とにかくムリヤリにでも通そうとしている。むろん、まだかなりの支持率を誇っている小泉首相が辞める前に、なんとか成立させてしまいたい腹だ。でなければ、次の首相では、またしても廃案の憂き目を見るかもしれないからだ。さすがに三度も廃案になると、事実上、成立はかなり難しくなる。

ところが、肝心の小泉さん、詳しい議論は苦手。それよりとにかく「小泉改革」法案を優先したい。だから、あまり「共謀罪」には熱心ではなかった。

というわけで、今国会ではさすがの政府・与党もこの「共謀罪」の成立は先送りにしてしまった。だからといって、廃案になったというわけではない。また時期を狙ってゾンビのように復活してくるのは目に見えている。

それにしても、あの記事には呆れ返った。

なにしろ、与党の政治家のみならず、その政治家たちを陰で操って法案を作り、説明する役目の黒子の官僚たちさえ、なんにも知らなかった。海外ではどうなっているのか、日本と比較するとどういうことになるのか、などという当たり前の疑問にさえ、まるで回答することができない。

りくにすさんが抱いたような素朴な疑問に、あっさり立ち往生。国会の議論とはこの程度のレベルだったのか。

とにかく機会さえあれば、権力に都合のいい法律、国民を縛る法律を作りたい。反対する連中には「非国民」とか「売国奴」「反日分子」などという言葉を投げつけて黙らせてしまえばいい。自由な言論空間は、この国の政治家や官僚たちにとっては、邪魔なものでしかないようだ。

最近、一部の言論誌や週刊誌などで飛び交っている「反日」などというレッテル貼りは、こうして権力のお墨付きを得つつある。

国民に義務や責務を課す法律を作る場合、その説明責任はなによりも重いはず。ところがこの「共謀罪」、国際条約に伴う国内法であるにもかかわらず、その国際的な現状を政府も与党もまるで把握できていなかったということが、はからずもバレてしまったのである。これでは、「共謀罪」が成立してしまったら、この国でどんなことが起こるのか、主権者であるはずの私たちにはまるでわからないということになる。

たぶん、政府にとってあまり開示したくない情報のほうが多いから、まじめに調べなかったのではないかと、勘ぐりたくなる。意外とそれが正解だと、私は思うのだ。

（〇六年六月二四日）

二〇〇六年五月一六日に、俳優の田村高廣さんが脳梗塞のため、七七歳で亡くなった。

（注・戦前戦後を通じての大スター・阪妻《ばんつま》こと阪東妻三郎の長男。同志社大学経済学部卒、一九五三年の父死去に伴い、請われて映画界入り、五四年『女の園』で映画デビュー。田村正和、田村亮は実弟）

私のとても好きな、渋くてかっこいい俳優さんだった。

とくに、勝新太郎と組んだ映画『兵隊やくざ』でのインテリ落伍兵は、ほんとうにはまり役だった。その追悼の意味もあったのだろう、五月二九日にＮＨＫ・ＢＳで田村さん主演の映画『泥の河』（宮本輝原作、小栗康平監督）がオンエアされた。

自由に愛したい——「愛国心」と教育基本法

『泥の河』。

モノクロ画面のなかの、汚れた深い河の小さな波が、心にじわりと沁み込んでくるような、そんな映画だ。

敗戦の傷がいまだ癒えない日本の、大阪の片隅に生きる少年と少女、そして彼らを取り巻く大人たちの、切ない出会いと別れの物語。こんなまとめ方はこの映画の本質を語ったことにはならないだろうが、懐かしい風に吹かれたような気持ちにさせてくれることは間違いない。

あんな人たちが生きていた街やそのときの風の揺らぎ、さざなみの河、手を振りながら去ってゆく友を追いかけて走り続ける少年――。

それらを懐かしいと思い、彼らへ向かうゆるやかな感情が、言葉の本来の意味での「故郷やそこに住む人たちをいつくしむ想い」なのだと思う。もし「愛国心」というのであれば、私の考える「愛国心」とはそういうものだ。

しかし、このところ騒がれ続けている「愛国心」は、そんな穏やかな感情とは対極にあって、猛々しく鋭く、そしてなによりも自国以外の国ぐにを排斥する非寛容なものに思えて仕方ない。

自民・公明の与党は、四月一三日までに「教育基本法改正案」の与党合意案をまとめた。要するに、「現行の教育基本法は物足りないから、言い足りないところをきちんと補う」というのがその言い分だ。で、何が「物足りない」のかと言えば、当然のことながら「愛国心」である。

与党の「愛国心」とは次のようなものだ。

第一章　教育の目的及び理念
【第二条の五】伝統と文化を尊重し、それらをはぐくんできた我が国と郷土を愛するとともに、他国を尊重し、国際社会の平和と発展に寄与する態度を養うこと。

まあ、ここだけを読めばその文章に取り立てて目くじらを立てるほどのことはない、と思う方もいるだろう。「愛国心」という言葉そのものに抵抗感が強かった公明党に配慮し、妥協した結果の産物なのだと言われている。事実、その通りだろう。ならば、妥協してまでこの一文を入れ込みたかった自民党の真意とは何か。もちろんそれは「愛国心の強制」である。「そんなの考えすぎだよ」という批判があるのは承知のうえで、断言しておこう。自民党政権が続くかぎり、「愛国心の強制」は、必ず姿を現すはずだ。

五月二七日付けの『朝日新聞』に、次のような記事があった。

―見出し―
「愛国心」の評価
行き過ぎ指導へ　文科相
―記事―

小坂文部科学相は26日、愛国心をランク付けする通知表が一部の小学校で使用されていることについて「内心を直接的に評価してはならないと学校長会議や教育長会議で伝達している。通知表に行き過ぎがあれば、学校長の理解を求める努力をしていきたい」と述べ、通知表を通じた強制にならないよう指導する考えを明らかにした。（以下略）

これはすでに、一部ではあれ、「愛国心」の評価、すなわち「強制」が始まっていることを意味している。評価でいい点数を取るには、生徒は先生に「愛国心」をわかる形で表現しなければならない。すなわち、それは心をある一定の形に押し込めることになる。心を評価するなどということが、いったい、誰にできるというのか。評価する側の教師だって、頭を抱えてしまうに違いない。

さらに、この国で暮らす定住外国人の子どもたちは、どうすればいいのか。彼らの「愛国心」は、どこにさまようことになるのか。

とくに、在日コリアンの子どもたちなど、いまでさえ、何か事あるたびに攻撃の対象にされている。それが「自分たちの愛国心」などと言い出そうものなら、どんなイジメや襲撃を受けるかわからない。

「自分たちの愛国心などと言うんなら、さっさと自分の国へ帰ってしまえっ」というような罵声が降りかかるのは目に見えている。それがまた、排外主義に火をつける。悪循環の繰り返し。

「しかし、文科相が、強制にならないように指導すると言ってるじゃないか。大臣の言葉を信用しないのか」と言う人も出てくるだろう。

信用しない。

五月二七日付け『毎日新聞』の、次の記事を読んでほしい。

—見出し—

日の丸・君が代

東京都延べ345人処分

03年以来　教員「異常な締め付け」

—記事—

東京都教育庁は26日、今年の入学式の「君が代」斉唱時に起立しなかったとして、都立高校の教職員5人を減給や戒告などの懲戒処分にした。03年10月に日の丸掲揚や君が代の起立斉唱の徹底を求めて同庁が通達を出して以来、処分を受けた教職員は今回も含めて延べ345人に上る。これほどの処分数は他の自治体では例がない。処分を受けた教員らは「異常な締め付け」と反発している。

同庁によると、今回の処分内容は減給10分の1（1カ月）3人、戒告2人。いずれも「国歌斉唱時に国旗に向かって起立し斉唱する」との校長の職務命令に従わなかったことが処分理由。同庁は今春の卒業式後にも33人を停職や減給などの処分にしている。

文部科学省によると、04年度に日の丸・君が代に絡んで懲戒処分を受けた教職員は全国で125人。このうち東京都の教職員は9割以上に当たる114人と突出している。

（以下略）

この記事を読んでも「職務命令に従わなかったのだから、仕方ないよ」と思った方、ちょっと昔を思い出してみてほしい。実はこの処分には、かなりの問題があるのだ。

この処分の根拠になっているのは「国旗国歌法」（正式には「国旗及び国歌に関する法律」）である。これは一九九九年、野党などの反対を押し切って、例のごとく自民党が強行採決した法律だ。しかもこのとき、当時の野中広務内閣官房長官が「これは順守規定を示したものであり、強制力を持って起立させたり斉唱させたりは絶対にしない」と、何度も言明したいわくつきの法律なのである。また当時の小渕恵三首相も、国会での審議で「この法律が成立しても、教育現場での国旗国歌の強制は考えていない」と、明確に答えていたのだ。

それが、現状はどうか。現実はどうなっているか。

これで「文科相の言うことなど信用できない」と言った意味がおわかりだろう。彼らは、都合の悪いことはすぐに忘れてしまう（ふりをする）という、スバラシイ性質を持っている。

もしあのときの、自党幹部の発言に責任を持つならば、この東京都教育庁の呆れ果てた処分に、自民党はマッタをかけてしかるべきではないか。それが責任政党のあり方、政権を握っている政党のあるべき姿ではないのか。それをしないから、信用できないと書かざるを得ないのだ。

この例が示しているように、「愛国心」はやがて一人歩きを始めるだろう。それに疑問を持つ者には、処分が待っている。

天皇でさえ「強制にならないことが望ましいですね」と、園遊会の席で米長邦雄東京都教育委員に釘を刺していたではないか。

（注・米長邦雄。一九四三年、山梨県生まれ。日本将棋連盟会長。四九歳一一カ月で最年長名人位獲得。永世棋聖の称号を持つ）

では一方、対する民主党の「教育基本法改正案」とはいかなるものか。「日本国教育基本法案」の前文の長ったらしい条文の最後のほうに、こう書いてある。

日本を愛する心を涵養《かんよう》し、祖先を敬い、子孫に想《おも》いをいたし、伝統、文化、芸術を尊び、学術の振興に努め、他国や他文化を理解し、新たな文明の創造を希求することである。

これまた、自民党案に負けず劣らずの酷い文章と内容だ。

議員たちには全員、文章講座の受講を義務付ける法律が必要だ、などという皮肉はさておき、「心を涵養し」「子孫に想いをいたし」だと。こんな古びた言葉を使わなければならないところに、この案文の古臭さがにじみ出ている。与党案、民主党案、どっちが酷いか判定不能である。

両案とも必要ない。そう強く断言する。

なぜ、現行の教育基本法を改定しなければならないのか、もう一度きちんと説明してもらいたい。

ヨーロッパにこんな言葉がある。

Patriotism is the mother of the war.

愛国心は戦争の母である(イギリスの格言)。

Patriotism is the last refuge of a scoundrel.

愛国心は悪党の最後の逃げ場所(イギリスの哲学・文学者サミュエル・ジョンソンの警句)。

(〇六年五月三一日)

最近よく「なめられるな」という言葉を聞く。とくにネットで大声を張り上げている人たちが、頻繁に使うようだ。
なんだかヌラリと語感の良くない言葉で、私は嫌いだ。しかし、ほんとうに「なめられてるんじゃないか」と思うような記事が目についた。

おう、かわいいヤツだ――沖縄報道で見えたこと

『東京新聞』(二〇〇六年)六月五日付けの記事である。

――見出し――
米軍再編費負担
「ほんとうに出せるの？」米長官が質問攻め
額賀長官「心配は掛けぬ」

――記事――
四日の日米防衛首脳会談で、額賀福志郎防衛庁長官が先に在日米軍再編の政府方針を閣議決定したことや今後、必要な予算措置や法整備を講じる方針を説明したのに対し、

ラムズフェルド国防長官が合意内容を本当に担保できるか何度も問いただす場面があった。

会談でラムズフェルド長官は「特別の予算措置を考えているのか」「それは別枠予算か」と矢継ぎ早に質問。さらに「日本の防衛費は国内総生産（GDP）の一％程度にすぎないが、沖縄海兵隊のグアム移転費を出せるのか」とただした。

これに対し、額賀長官は現行の中期防衛力整備計画（二〇〇五—〇九年度）に米軍再編費が含まれていないことを指摘し、「防衛予算と別枠で計上することも考えていく。特別の法的措置を検討している」と説明。最後は「ラムズフェルド長官に心配を掛けることがないよう最大限努力する」と約束し、ラムズフェルド長官もようやく「了解した」と答えた。


この記事を読んで腹の立たない人がいたら、どうかしている。他国の大臣に日本の予算や法的措置にまで口出しされて、反論するどころか「心配掛けないよう努力する」と言う。「おう、よしよし。いい子だ、いい子だ」とばかりに、頭を撫で撫でされている、といった雰囲気。これのいったいどこが、小泉首相たちの言う「対等な日米関係」なのか。

ただただ沖縄をダシにして、アメリカからの覚えをめでたくしていただいて、自らの政治的立場の強化に使おうとしているだけ、としか見えない。

だから、あの辺野古《へのこ》への基地移転にしても、沖縄現地の要望などまるで無視して、結局、日本政府と沖縄県はウヤムヤのうちに誰にも理解できないような「具体的な合意内容のない合意」をしてしまったのだ。あの合意文書には、辺野古という文字が見当たらない。

沖縄を食い物にする政治家たち。

「なめられるな」という言葉は嫌い、と冒頭に書いた。しかし、言葉の本来の意味でこれほど他国からバカにされている関係もないのではないか。それこそ「なめられている」。

前原誠司民主党前代表が完全に支持を失ったのは、例の「偽メール事件」の際、小泉首相にポンッと肩を叩かれ、まるで子ども扱いにされて「まあ、キミもがんばりなさい」というようなことを言われている場面が、テレビで繰り返し流されたからだとされている。

同じことが、この会談でも再現されているではないか。

しかし、小泉首相にしたところで、他人を子ども扱いにできる資格などない。覚えていないだろうか。ブッシュ大統領の別荘に招かれたとき、ブッシュに肩を抱かれて嬉しそうに笑っていた小泉氏の顔を。

目下の者が目上の人の肩を抱く、なんてことは、日本に限らず世界中でもありえない。世界中、どこにもそんな習慣はない。それをブッシュ&小泉は、何度も私たちに、いや世界中に見せつけたではないか。

首相が子ども扱いされて嬉しがっていたのだ。子分の額賀長官が子ども扱いされても当然だと思ったとしても、まあ、仕方のないことかもしれない。

（〇六年六月七日）

このところ、気になる数字がとても目につく。ところが、それらは、あまり良い意味を持たない数字ばかりだ。

数字を眺めながら気が滅入っていくというのも、なにやら最近の風潮を現しているような気もするけれど。

さまざまな数字が示す現実

32、552。

これはなんと、警察庁が発表した昨年(二〇〇五年)一年間の自殺者数だ。一九九八年に三万二八六三人と、初めて三万人を突破してから、〇五年までの八年間、私たちの国では、ずーっと三万人以上の人たちが自殺しているのだ。ベトナム戦争での米軍死者数はほぼ五万人と言われているが、私たちの国では、毎年それに匹敵するほどの人たちが、自ら命を絶っていることになる。

そして〇五年の特徴は、二〇代、三〇代の年齢層の自殺者が大きく増えたということだそうだ。ニートだフリーターだと言われながら「非正規社員」として給与その他の待遇面で大きな差別を受け、最終的には自殺に追い込まれてしまった若者たち。

リストラなどで経済的困難に直面し、命を絶ってしまう中高年男性の数は減っていないが、その経済的事情や将来に対する絶望感が、若年層にまで波及してきたと見るのが正しいだろう。ここにも「格差社会」の厳しい現実が見えている。

いったいどこに、そして誰に責任があるのか。この「格差社会」を作り出したのは、誰なのか。むろん、自殺の原因が「格差社会」だけのせい、と言うつもりはない。もっとも多い自殺の原因が健康問題であるのは、毎年変わっていない。しかし、健康問題での自殺であっても、健康保険料のアップ、医療費の自己負担分の増加などで明らかに個人負担が増え、そのために医療を受けられなくなって自殺に追い込まれた人も増えている。これは、事実だ。

1・25。

これもかなり話題になったから、ご存知の方も多いだろう。そう、「合計特殊出生率」である。「女性が出産可能な年齢を一五歳から四九歳までと規定し、その年齢の女性のそれぞれの出生率を算出し、人口構成の偏りなどを考慮して、一人の女性が一生に産む子どもの数の平均を求めたもの」。つまり、調査対象の男女比が一対一であり、すべての女性が出産可能な年齢まで生きると仮定した場合、この合計特殊出生率が二であれば人口は横ばい、二以上なら人口が増える、ということになるわけだ。

すべての女性が出産可能年齢まで生きるわけではないし、その他の要因も考えられるので、実際は、二・〇八以上でないと人口の自然増にはならないとされているそうだ。そうだとすれば、私たちの国は危機的状況にあると言える。

終戦直後に四・五以上の合計特殊出生率を示し、七五年には二を割り込んで、それ以降、この率は下がるばかり。そしてついに〇五年は、一・二五。

一人の女性が産む子どもの数が、たったの一・二五人。人口はみるみるうちに減っていく。これが年金制度の崩壊につながることは、説明するまでもないだろう。それなのに、政府（厚生労働省）は、ずさんな予測を立てたまま訂正もせず、その間違った予測を基に年金制度をいじくり回してきたのである。「百年安心年金制度」などと、絵に描いた餅にさえならぬスローガンを振り回して私たちを欺いてきた責任は、いったい誰が引き受けるのか。

猪口《いのくち》邦子少子化対策担当大臣は、とにかく出産費用のばら撒きなど、お金を出せば出生率は上がるという、学者にあるまじき単純な考えの持ち主のようだ。

（注・猪口邦子＝一九五二年、千葉県生まれ。アメリカ・イェール大学大学院政治研究科修了。上智大学教授を経て、国連軍縮会議日本政府特命全権大使。その後、小泉内閣で大臣に。夫は政治学者・猪口孝）

そりゃあ違うぜ、と言いたくなる。

まず、女性が働きやすい社会を作ること、男女共同で子育てができる環境整備を企業などに義務付けること、そしてなによりも「戦わない国」を作ること。それ以外に、女性が子どもを産みたくなるような施策はないのだ。

兵士として戦地に送り出すために子どもを産みたいと考える女性など、いるはずもない。

2007。

さて、これは何?

団塊の世代が定年を迎え始める年だ。戦後のベビーブーマーだった団塊世代が〇七年には六〇歳に達し始めるのだ。圧倒的な数を誇り、さまざまな分野でこの国をリードしてきた巨大な塊が、社会の第一線から退いていく、その始まり。問題は、当然、起こる。

前述したように、いちばんの問題はやはり「年金」だろう。この膨大な人数を、先細りしていく出生率の世代が支えていかなくてはならない。はたして可能なのか。

無駄遣いの社会保険庁や厚労省に、そんな危機感はさらさら感じられない。ただただ誤魔化して、問題を先送りにするだけ。ここにも、小泉流先送りの術は発揮されている。

外国人労働者の受け入れ拡大なども、真剣に考えなければならない時期が、すぐそこまで迫っている。なにせ、高齢者を支える若年労働者の数が足りないのだ。しかも、これからどんどん減っていく。

欧米各国が年間に数千人~数万人単位で難民を受け入れているというのに、日本はせいぜい年間数人。難民さえも受け入れない国が、外国人労働者を受け入れるだろうか。ましてや私たちは、先頭に立って外国人差別を声高に喚き散らす知事を、首都にいただいている。

１２８、０００、０００、０００、０００。

『毎日新聞』（〇六年）六月一三日付けに、こんな記事が載っていた。

―見出し―

世界の軍事費

05年は１２８兆円

―記事―

スウェーデンのストックホルム国際平和研究所（ＳＩＰＲＩ）が12日発表した06年版の年鑑によると、05年の世界の軍事費は、米国の対テロ戦争に絡む軍事支出の伸びが影響し、推計で前年比実質３・４％増の1兆１１８０億ドル（約１２８兆円）に達した。米国だけで全体の半分弱を占め、５％前後で続く英国、フランスを大きく引き離し突出。４番目が日本、５番目が中国と続いた。中国の通常兵器輸入総額は01～05年の合計で１２３億４３００万ドルと世界最大だった。

（〇六年六月一四日）

日本は四番目だったそうです。

第2章　危ない後継者の「夢の続き」

切ない話が聞こえてくる。年金生活の高齢者たちが、悲鳴を上げている。少ない収入がこのところ、ますます減っているからだ。原因は増税。

ポスト小泉の最有力候補とされている安倍晋三幹事長は「再チャレンジ」なるフレーズを言い始めた。

彼が言う「再チャレンジができる社会」とは「格差社会の是正」「一度失敗してもやり直しのきく社会」なのだそうだ。

しかし、「格差社会」ではもっともきついしわ寄せがいく高齢者たちの税金を引き上げておいて、いったい何が「再チャレンジ」だというのだろうか。

「再チャレンジ」とは何か

安倍氏は、小泉改革の後継者をもって任じている。だから、その小泉改革によってこの国に広がりつつある弱肉強食の「格差社会」への批判は、安倍幹事長の路線への批判へ直結する。そこで、その批判をかわすべくこんな妙な言葉を持ち出したのだろう。

その安倍氏を支持する自民党議員たちが立ち上げたのが「再チャレンジ推進議員連盟」と

かいう組織。そうとうに、キモイ。

だが、安倍氏の言う「再チャレンジ」には、どうも高齢者は含まれていないらしい。だいたい、高齢の年金生活者にどうやって「再チャレンジ」しろというのか。「再チャレンジ」する時間も体力も、この人たちには残されていないのだ。

懸命に働き続けてやっとリタイアしたお年寄りたちに、ゆっくりと老後を楽しむ余裕も与えないような「再チャレンジ」なるものに、いったいどんな温かさがあるのだろう。年金生活者などは国の金を食うだけの邪魔者だから、さっさと人生から退場してしまえ、というのが、この苦労知らずのおぼっちゃま政治家の本音なのかもしれない。

たとえば、『朝日新聞』（二〇〇六年）六月一八日付けの記事をお読みいただきたい。

―見出し―

お年寄り〝寝耳〟に増税
住民税の老年者控除全廃
年金変わらず負担8倍に
「間違いでは？」窓口殺到

―リード―

65歳以上のお年寄りが、重くなった住民税に悲鳴を上げている。所得1千万円以下の場合にあった老年者控除が全廃となり、年金生活者のための控除も縮小されたためだ。前年度に比べ、収入は変わらないのに10倍前後に跳ね上がった人もいる。今月始まった通知で、初めて増税を知った高齢者から問い合わせや苦情が殺到、電話が長時間つながらないなど窓口の市町村では混乱が起きている。介護・医療費の増加も今後見込まれ、高齢者の負担は重くなるばかりだ。

―記事―

大阪市内の男性(76)は妻(76)と2人、年金を頼りに暮らす。今月2日、市役所から届いた納税通知書に驚いた。05年度4千円だった住民税が、06年度は約8倍の3万1100円になっていた。

「年金収入は年間277万円で変わっていないのに、なぜだ」

住民税は、65歳以上には二つの控除制度が適用されてきた。収入に応じて控除額を設け、65歳以上には上乗せもする公的年金等控除と、所得1千万円以下に一律48万円とする老年者控除だ。だが、05年1月から公的年金等控除の上乗せはなくなり、老年者控除は全廃。税は前年の所得に対してかかるので、影響は今年出る。(中略)

男性は「この数年、厳しい出来事ばかり続く」と嘆く。長年、非課税だった所得税も同様に控除の改廃があったため、05年度分として、初めて4万2千円を徴収された。所得税などをもとに算定する国民健康保険料は約3万5千円アップ。介護保険料も約2万円増える見通しだ。

「電車やバスは使わず、スーパーの見切り品を食べている。これ以上、どう節約すればいいのか。親類が死んでも香典も出せない」（以下略）

読んでいくうち、怒りがふつふつと沸いてくる。ご存知の方も多いだろうが、六月一四日に参議院で成立した「医療制度改革関連法」も、高齢者の医療負担を大幅に引き上げる法律だ。

では、中身はどういうものか。

七〇歳以上で現役並みの所得（夫婦二人で年収五二〇万円以上）がある人の医療機関での窓口負担を一割から二割に引き上げる。長期療養の七〇歳以上の入院患者は、食費や光熱費などを原則自己負担とする。さらに、〇八年度からは現役より所得が少ない七〇～七四歳も、窓口負担が一割から二割に引き上げられる――。

とにかく、ひたすら負担増である。

高齢者は否応なく体力が落ちる。したがって、若年者よりも医療を受ける頻度は、当然のことながら高まる。その医療費を抑制するために、高齢者の自己負担を増やそうというのだ。

人間は誰でも歳をとる。それを免《まぬが》れる人などいない。当たり前の真実である。そして、歳をとった人たちへの温かな支援こそ、国が行う政治の根本であるべきだろう。それをないがしろにしておいて、「国を愛せ」だのとよく言えたものだ。「再チャレンジ」などとふざけた言葉が、よく使えるものだ。

身を粉にして働き、戦後の国の復興発展に寄与し、ようやく穏やかな老後を迎えようとする人たちへの、これが国家の仕打ちだろうか。責任ある政治家たちの政策なのだろうか。

そんな政策を推し進めてきたのが小泉改革であり、それを受け継ぐことで小泉人気を引き継ごうとしているのが安倍幹事長なのだ。とにかく「改革」と唱えればすべてが許されるとでも思っていた節がある小泉首相と、彼にべったりと寄り添うことで次期首相の座を狙う安倍幹事長。考えてみれば、そうとうに危ないコンビなのである。ほんとうに、大丈夫なのか、この国は。

知人の政治記者の分析である。

「何を考えているのか、何も考えていないのか、さっぱりわからないのが小泉さん。その小泉さんより、ずうーっとタカ派なのが安倍さん。しかし、その安倍さんも、深い考えがあってタカ派的発言を繰り返しているとは思えない。右傾化する時流に乗って喋っているだけ、という感じが強い」

話は突然変わるけれど、少し前のＴＢＳ系『報道特集』で、統一協会がまたしても霊感商法や強引な勧誘などを大々的に展開し始めた、という告発をしていた。かなりヤバイらしい。

だいぶ前に社会問題となり、損害賠償などの裁判も多数起こされているカルト的な教団だが、その統一協会には教団が決めた見知らぬ相手と結婚する「合同結婚式」というシステムがある。

（注・秋田県出身で、アイドル歌手だった桜田淳子さんが、一九九二年にこの合同結婚式に参加して大騒ぎになったことを覚えている方も多いだろう）

その合同結婚式に、なんと安倍晋三氏が祝電を寄せていたというのだ。

ネット上では、この話はかなり広がっていた。とくに、超人気の「お玉おばさん」のブログには、新聞情報などよりはるかに詳しい内容が書かれていた。なのに、大手マスコミは、このことをまったく伝えてこなかった。

この合同結婚式、五月一三日の開催だったのだから、マスコミがいままで知らなかったとしたら、なんたる勉強不足、取材力不足か。事実をつかんでいたのに報道しなかったとしたら、あのＮＨＫの番組改編問題のときのように、安倍幹事長サイドからの圧力でもあったということなのか、と勘ぐりたくもなる。大手マスコミの記者たちは、ブロガーたちの取材力や発信力を見習ってほしいものだ。


（〇六年六月二一日）

「自衛隊のイラク撤退」を決定して、小泉首相は鼻タカダカである。サマワではもう撤退準備が始まり、関係者も「一兵の死傷者もなく」撤退できることにホッとしている様子だ。

小泉首相はといえば、決めてしまえばもうお終い、という例のパターン通り、心はすでにブッシュ大統領との水入らずのメンフィス(プレスリー邸)旅行へと飛んでしまっているみたい。

なんと、野党からの党首会談の要請も、「訪米準備で忙しいから」という恐るべき理由で断ってしまったというから、スゴイ。メンフィスの青い空が、深くものを考えない頭の中に広がっているのだろう。

しかし、ほんとうに自衛隊はイラクから撤退するのだろうか。

常識が通じない「常識論」 ―イラク自衛隊撤退

『産経新聞』が(二〇〇六年)六月二一日付けで、こう報じている。

―見出し―

陸自撤収　経済協力にシフト
空自は活動範囲拡大
―記事―
政府は、イラクからの陸上自衛隊撤収後も、航空自衛隊C130輸送機の活動範囲をバグダッドやイラク北部アルビルに拡大し、米軍や国連、駐留多国籍軍の人員、物資を輸送する。また、政府開発援助（ODA）など経済協力に軸足を移し、復興支援活動を継続する。（以下略）

日米の軍事協力やイラク戦争について徹底的にタカ派的論調を貫いてきた『産経新聞』でさえ、今回の撤退が実質的には派遣拡大であることを、きちんと書いている。

そう、小泉首相はほんとうの撤退など、少しも考えていなかったのだ。撤退はポーズのみ。そのポーズの陰で、実質はあくまでブッシュ大統領の意に沿うこと。国民を欺くことなど、ブッシュ大統領への忠誠に比べれば「大したことじゃない」（どこかで聞いたフレーズである）と思っているのだろう。

こんな小泉首相のやり方には、当然、批判も出てくる。普通に考えれば、どうもおかしい。当たり前の感性を持っている人なら、誰でもそう思うはずだ。

たとえば、『東京新聞』六月二一日付けに、こうある。

—見出し—

憲法論議覆した「常識論」

派遣「常態化」させた首相

—リード—

小泉純一郎首相が二十日、記者会見し、イラクからの陸上自衛隊撤収を発表した。約二年半前、首相は国内の反対論を「常識論」で押し切り、自衛隊派遣に踏み切った。それが安全保障論議の積み重ねを根底から覆し、国会論議の形骸(けいがい)化を招いた弊害は否定できない。(本文略)

ここでは本文は省略したけれど、要するに、小泉首相がなんでも「常識論」で押し通すことで、これまで積み重ねられてきた憲法論議、法律解釈などが、すべてどこかへ吹き飛んでしまった、という批判である。

国を治めていくということは、一つ一つの事象を検証して、それがいかに「常識」から外れていようが、法体系のなかできちんと整理され、収められることを確認しながら進む、ということでしかない。それが、法治国家の最低限のあり方であるはずだ。

ところが小泉首相、そんな最低限の手続きさえまるで無視して突き進んでしまった。それを許したのは実は、小泉首相のワンフレーズを多用したテレビ報道の渦に巻き込まれてしまった私たち有権者であったのだ。苦い思いが、胸に残る。

「こんな程度の公約ぐらい守れなかったと言って、そう大したことじゃない」

「人生いろいろ、会社もいろいろ、社員もいろいろ」

「どこが戦闘地域かなんて、いま私に聞かれたってわかるわけないじゃないですか」

「女の涙は、最強の武器」

「フセインが見つからないからって、フセインがいないことにはならない。だから、大量破壊兵器が見つからないからと言って、それが存在しないとは言えない」

「自衛隊がいるところは、非戦闘地域」

まったく、思い出しても厭になる。寂しいことに、こんなデタラメな出来の悪い言葉の数々に、思わず拍手してしまった私がいて、あなたがいたのだ。

「常識論」のみで政治が動くのであれば、憲法も法律も何もかも必要なくなる。その時々の「政治家の常識」で、何をやってもかまわないことになる。だが、「政治家の常識」と私たち「国民の常識」の違いは、これまでずいぶんと指摘されてきた。「政治家の常識は国民の非常識」などと揶揄《やゆ》されてきた。「非常識」で政治をやられたら、たまったもんじゃない。

そんな怪しげな「常識を装った非常識」をこの国に持ち込んで、ワンフレーズ人気をいいことに、あの中曽根康弘元首相でさえできなかった戦後政治の総決算を、いとも軽がるとやってしまったのが、小泉首相だった。

軽い首相のもと、私たちの国そのものも、世界から尊敬されない軽い国になってしまったようだ。

おまけだが、こんな記事があった。『毎日新聞』六月二六日付け「発信箱」というコラムに、山田孝男記者が書いていた。

―見出し―

「撤退」と「撤収」

―記事―

政府は自衛隊をイラクから「撤収する」と発表し、毎日新聞は「撤退を決定」と報じた。これに対し、一部で「毎日は『退』という字を用いて敗北感を強調し、自衛隊をおとしめている」「政府発表を故意に捻じ曲げている」などと言い立てる向きがあると聞き、驚いている。(中略)

毎日新聞は、イラクからの外国の軍隊の引き揚げに言及する場合、凱旋《がいせん》か敗走かというニュアンスとは無関係に「撤退」という表現を使ってきた。

小泉純一郎首相は「撤収」と発表したが、自衛隊だけ表現を変えるのはバランスを欠くという判断で、小紙の記事の見出しは「撤退」が基本になっている。(中略)

面白くないのは、待ってましたとばかりにこういう問題をメディアたたきに利用する煽動家の存在だ。今から69年前、国会質問に「軍人を侮辱する言辞」があったかどうかで陸軍大臣と議員が争う騒ぎがあった。防衛庁が「自衛隊を侮辱する言辞」に目を光らせる時代でなくて幸いだ。お先棒担ぎの言葉狩りに自重を求めたい。

誰がどういう意図で、こんなクレームをつけてきたのか、それは書いていなかった。しかし、確かに山田記者が危惧するように、この程度の言葉遣いにクレームをつけてくるような風潮が最近この国を覆い始めたことは、ひしひしと感じられる。

そんな風潮を助長し、自己に都合のいいように使ったのは、やはり小泉首相ではなかったか。

(〇六年六月二八日)

サッカー・ワールドカップが終わってだいぶ経つのに、ジダンのあの行為についての居酒屋談義は、いまだに終わらない。

「それにしても、あのパッチギはなかなかのもんでしたね」とは、私の友人の在日コリアン・ジャーナリストKさんの感想だ。パッチギとは井筒和幸監督の映画のタイトルで有名になったが、ハングルでいうところの「頭突き」のことである。

「僕もけっこうやりましたよ、ただし、壁を相手にね」とKさん。少年時代には、なぜか執拗に攻撃を仕掛けてくる日本人学生から身を守るために、先輩からパッチギを伝授されて、日々練習に励んでいたとか。

まあ、それはそれとして、サッカー界の至宝と呼ばれたジダンが、人生最高の舞台であるはずのワールドカップのピッチ上で、優勝を棒に振ってまで、なぜあのような行為に及んだのか。その理由を、ものすごく知りたかった。

Say no to racism—人種差別にノーを

『朝日新聞』(二〇〇六年)七月一三日付けの夕刊が、フランスのテレビ番組で語ったジダンの言葉を紹介していた。

—見出し—

ジダン、「頭突き」TVで釈明

テロリスト発言「まあそうだ」

—リード—

サッカーW杯の決勝で相手のイタリア選手に頭突きし、退場処分となったフランス代表主将のジネディーヌ・ジダン選手(34)は12日夜の仏テレビで「母や姉を傷つけるひどい言葉を繰り返され、耐えきれなかった」と釈明した。(以下略)

—記事—

(前略)「言葉はしばしば(暴力)行為よりきつい。それは、私を最も深く傷つける言葉だった」と述べた。

どんな言葉だったのかについては「とても口には出せない」と伏せた。英紙がマセラッティ選手の挑発として報じた「テロリスト売春婦の息子」との発言の真偽を問われると「まあそうだ」と答えた。ジダン選手はアルジェリア系移民2世。(以下略)

私たちはここでようやく、ピッチの内外に存在していた「人種差別」について知ることとなった。

全六四試合を通して、センターサークルに掲げられていた「Say no to racism」のメッセージに、テレビ観戦していた日本人のうちどれだけの人が注意を払っただろうか。

実はこの「人種差別反対キャンペーン」について、FIFAの公式ホームページには、六月三日以降、メディアリリースとして掲載されていた。

日本語に訳されたそれは、約一七〇〇字。実に細かくさまざまな「人種差別キャンペーン」について書かれていた。ここに、その一部を抜粋する。


「FIFAは、かねてから人種差別問題に留意していたが、とくにヨーロッパにおける最近の出来事により、断固とした拒否活動を、至急開始する必要があると判断した」として、「FIFAは決して看過できないことととして、信念を持ってこの問題に取り組むべきときがきたと考えている」とその決意を述べている。

(注・「ヨーロッパにおける最近の〈人種差別的〉出来事」とは、開催地ドイツで起こったアフリカ系ドイツ人〈ドイツ国籍保持者〉への襲撃事件などを指す)

「FIFAワールドカップにおける移民と少数民族の社会的統合を図り、彼らマイノリティの試合の観戦、クラブでのプレー、あるいはクラブの応援の増進を図る」などと長々と書かれたプレスリリースの文面を読んでいると、ピッチ内外での差別の深刻さが伝わってくる。

しかし、私がそこへ行き着いたのもやはり、「スーパースター・ジダンの頭突き」という行為があったからこそだ。

準々決勝では、キックオフの前に各チームのキャプテンが「サッカーと社会から差別撤廃の宣言文」を読み上げた。ジダンもこのセレモニーに参加していた。私の知るかぎり、日本のテレビ局はここで初めてこのキャンペーンについて簡単に説明した。だが、それだけだった。

暴力は、スポーツ選手にあるまじき反則行為であり、絶対に許されない。正論である。しかし、ジダンの「頭突き」が巨大な暴力への切ない抵抗であったこともまた、紛れもない事実だろう。そして彼は、まさにサッカー選手らしく、その「暴力の現場」ですらも、手は使わなかった――。

差別は、している側には存在しない。

それは、されている側にのみ存在する。

私たちの周りにも、差別はさまざまな形でいまも厳然と存在している。

居酒屋での「ジダンのパッチギ」談義は、必然的に在日コリアンへの現在進行形の差別へとつながっていった。

北朝鮮のミサイル発射後、朝鮮学校の生徒たちは、集団登校を余儀なくされているという。無抵抗の小さな子どもたちに突然襲いかかる暴力。在日コリアンである、というただそれだけの理由で。

「だから、あのミサイルにはみんな迷惑してるんですよ。でもね、襲撃については、もう昔からのことで慣れっこになってますけどね」と、笑い飛ばすKさんだが、笑うしかほかに方法のない彼らの心情を、私たちが放っておいていいわけがない。

そして、他民族を排除するような考え方を、「愛国心」などと呼んではいけない。

（〇六年七月一九日）

いよいよ、ポスト小泉純一郎は安倍晋三氏ということで決まりのようだ。ついに根っからのタカ派首相の登場、ということになる。

私たちの国は、このタカの爪に挟まれて、どこへ連れて行かれるのか。小泉首相がぶち壊したのは自民党の派閥だったかもしれないが、安倍氏が壊そうとしているのは、はたしてなんなのか？

安倍晋三氏、ついに

安倍氏の欺瞞性と冷酷性は、「再チャレンジ」などという実体のない言葉を持ち出して「格差社会」を誤魔化し、高齢者や年金生活者に一層の負担を強要する「小さな政府」論者であるところに現れている。

小泉首相、竹中平蔵大臣らが標榜《ひょうぼう》した「小さな政府」が、いったいどれほどの生活保護世帯を生み出し、就学援助世帯を作り、健康保険や介護保険の負担増で高齢者や病人などの弱者をいじめ、障害者自立支援法なる言葉だけは美しいけれど、その実、障害者に凄まじい負担を強いる悪法で彼らを苦しめていることか。その小泉改革とやらを、そのまま継承すると宣言しているのが、安倍氏である。

むろん、小泉人気にあやかろうとしている魂胆はミエミエ。実際、安倍氏が声高に叫ぶ「再チャレンジ」なるものの実体は、まるで見えてこない。彼を支持する若手タカ派議員集団の隠れ蓑に利用されているだけだ。

ほんとうに再チャレンジ可能な社会を再構築したいのならば、再就職やフリーター対策、とくに正規社員と非正規社員（アルバイトやパート労働者）間の待遇格差の改善や、派遣社員制度の見直し、全国一律の最低賃金制度の確立など、具体的にメスを入れる政策を提示しなければならないはずだ。しかし、そんな気配はみじんもない。総裁選の空虚なスローガンに使われているだけだ。

景気回復が言われて久しい。だが、その回復とは、どこの世界の話だろう。大企業における凄まじいリストラと、下請け・孫請けの零細企業への締め付け・買い叩き、アウトソーシングと称する派遣社員の低賃金労働に支えられた、大企業のみの景気回復と言われても仕方ない。陰で泣いている労働者や失業者のことは知らんふりだ。

ホリエモン、村上ファンド、さらにはそれに群がった福井日銀総裁、さらにさらにその日銀の超低金利政策で史上空前の利益を計上したメガバンク各行のウハウハ顔の下で、この国に何が起こっていたのか。

（注・福井俊彦第二九代日本銀行総裁。生粋の日銀育ち。村上世彰氏のいわゆる村上ファンドに

一〇〇〇万円を投資していたことで、世の批判を浴びた）

下流社会などという切ない言葉さえ生んだ低賃金の人びとの犠牲のうえに成り立った景気回復。どこに「再チャレンジ」という優しさがあるのか。路上に暮らさざるを得ないホームレスの数をこれほどまでに増やしておいて、どの口で「再チャレンジ」などと白々しいことが言えるのか。

なのに、それらの人びとへの本気の救済策には具体的に何一つ触れず、この言葉を政局の武器としてもてあそぶ。彼は、むろん『ビッグイシュー』など、見たことも買ったこともないだろう。

（注・『ビッグイシュー日本版』。ホームレスの生活支援のために月二回発行されている雑誌。ホームレスがこの雑誌を路上販売しているが、定価二〇〇円のうち一一〇円を販売人が受け取る。主に都会の繁華街に毎日立って販売している。一九九一年に、ゴードン・ロディック氏とジョン・バード氏によってイギリスで始められた。日本版は二〇〇三年九月一一日創刊）

さらに安倍氏の発言で忘れてならないのは、例の「敵基地攻撃論」だ。かつては党内タカ派とされた山崎拓氏にさえ「なんたる暴論。日本の国是たる専守防衛に反する重大な憲法違反だ」と批判される始末。

（注・敵基地攻撃論。攻撃のためのミサイル燃料注入などが相手国で確認された場合、それは我が国に対する攻撃準備だとみなし、事前に相手国（敵）の基地を叩くべき、という論。安倍氏も

それに賛同する意見を述べた）
靖国問題について、各新聞やテレビの世論調査では、参拝反対が賛成の倍以上の率を示している。さて、安倍氏はどうするのか。
こう考えてくると、この安倍氏に私たちの国の舵取りを任せるのは、そうとうに不安だ。ちょっと育ちの良さげな風貌と、やや舌っ足らずの口調に騙され、その陰の超タカ派的短絡思考回路にうかうかと乗ってしまってはならない。

こんな中央政界の怪しげなお祭り騒ぎの裏側で、地方はいまや呻《うめ》きながら崩壊しつつある。たとえば、北海道夕張市では、市の財政が破綻。財政再建団体に指定されてしまった。これは、すべての予算を国に握られ、自前では何も決められなくなるということを意味する。むろん、市の財政を支えてきた炭鉱の閉山が最大の破綻理由だろう。しかし、その後に行われたいわゆるハコモノ行政、つまり、やたらと巨大施設を作ってそれをまちおこしの起爆剤にしようとした、相も変わらぬ土建行政の失敗だったという側面が強い。これと同じことは、全国各地で起きている。
これも、地方のことはとりあえず置いといて、とにかく景気回復を図ることに主眼を置いた国の政策に帰着する。最近、国と地方の間で争いが多発しているのは、地方の不満が爆発寸前になっている証なのだ。

閑古鳥さえ鳴かない地方の町の商店街。シャッター通りは、もはや地方都市の代名詞だ。クルマを持たない高齢者は、買い物さえままならない。景気回復など、いったいどこの国の話だろう。

貧すれば鈍する。諺《ことわざ》通りのモラルハザードが、地方自治体に蔓延しつつある。

たとえば、東京都町田市。ここの石阪丈一市長は横浜市港北区の前区長だった。彼の政治団体はその彼の地位を利用し、横浜市の幹部職員に政治資金調達パーティーへの参加や献金の呼びかけをメールで行った。むろん、これは政治資金規正法違反。ところが、石阪市長は「知らぬ存ぜぬ」、果ては「友人が勝手にやった」「娘が私に知らないところでやってくれた」と、徹頭徹尾、他人になすりつける。自分の娘まで利用する。これが、現職市長である。

そして、埼玉県所沢市。ここの文化振興事業団は、管理するホールの使用許可を取り消した。取り消されたのは、全日本教職員組合の教育研究全国集会の使用許可。「反対する団体の妨害行為で、近隣に混乱が予想される」という理由。すでに私たちの国では、合法的な団体の集会さえ、開催が拒否されるような状況になってきている。

東京都国立市ではこんなことも起こっている。JR国立駅は、その三角屋根の愛らしさや木造建築駅舎としての珍しさで、とても市民から愛されてきた。ところが、中央線の高架工事に伴うこの駅舎の保存をめぐって、トラブルが起きた。

国立市はなんとかこの駅舎を残すべくJR側と交渉して、曳き家方式でいったん駅舎を別の場所に移し、工事終了後に元の場所へ戻すという案を作った。ところが少数与党の悲しさ、それに伴う予算措置が数度にわたって否認された。これは自民党など多数派野党の上原公子市長(当時)に対する嫌がらせではないかと怒った市民は、なんとか駅舎を残すための運動を始めようとしているという。

市民の要望さえ、政治的思惑の前には否定される。これは、中央だけではなく、日本国中に起こりつつある現実なのだ。

(〇六年七月二六日)

まだ夏前だというのに、政界はもう秋の気配。自民党総裁選が、すっかり消化試合の様相を呈しているからだ。

次期首相には、安倍晋三官房長官が、圧倒的大差で勝ち上がりそうな気配である。その安倍氏の本『美しい国へ』(文春新書)がバカ売れしているとのこと。そこで「今回は、気が進まないでしょうが、この安倍本を取り上げてくれませんか。ほんとうに読むに値するかどうか——」と、『マガジン9条』編集部からの依頼。

仰せの通り、まったく気が進まない。でも、読んでみないことには批判もできない道理。で、読んでみた。

仕方なしに『美しい国へ』を読む

出だしからしてすごい。自分のことを闘う政治家と位置づけ、それについてこう述べる。

「わたしが拉致問題について声をあげたとき、『右翼反動』というレッテルが貼られるのを恐れてか、運動に参加したのは、ほんの僅かな議員たちだけであった。事実、その後、わたしたちはマスコミの中傷の渦のなかに身をおかざるをえなかった」(四ページ)

えっ、マスコミの中傷?

マスコミを中傷し、ＮＨＫに圧力をかけて報道に介入したのは誰だったのか。この件については、『朝日新聞』の無様な腰砕けやＮＨＫ幹部の見事なまでの居直りもあったけれど、ジャーナリストの魚住《うおずみ》昭氏が『月刊現代』できちんと、誰が誰に圧力をかけたのか、中傷したのはどちらかを証明している。勝負はついているのだ。

ともかく、この新書を読み込んでみる。

第一章　私の原点

これはもう、自らの家系の自慢話のオンパレード。いかに（母方の）祖父（岸信介）や父親（安倍晋太郎）が偉かったかという思い出話を、延々と読まされるだけ。岸元首相に対し、なぜあれほど広範な反安保闘争が巻き起こったのか、などという考察は一切ない。

つまり、世論や国民運動などを、自分の都合のいいときや事柄に関してしか認めない、という彼の考え方の萌芽がここに見て取れる。

第二章　自立する国家

拉致問題を全面展開。いかに自分がブレない姿勢を取り続けてきたかを強調する。北朝鮮の国家犯罪である拉致問題に怒らない日本人などいないだろうし、それに対して経済制裁せよ、という意見を開陳するのも自由だ。

しかし、その経済制裁の成功例として「南アフリカ」を持ち出すからおかしくなる。「名誉白人」なる珍妙な称号を与えられて、人種差別（アパルトヘイト）の南アフリカ共和国に対する経済制裁にもっとも消極的な国が日本だったではないか。

（注・一九九一年まで続いた、南アフリカ共和国の人種登録法による差別政策をアパルトヘイトという。九四年に、ネルソン・マンデラ氏が初の黒人大統領に就任して人種融和策を打ち出したが、いまだに差別は根強く残っているという）

それはともかく、南アフリカが成功例だとするならば、なぜ日本（小泉政権）が、イラクでは経済制裁ではなくアメリカの戦争を支持したのか、説明できまい。南アフリカで成功したかラ北朝鮮でも、というのはわかる。だとしたら、イラクでも経済制裁でいくべきだと、アメリカを説得しなければ理屈に合わない。こういうのをダブル・スタンダード（二重基準）という。

読み流せばなるほどと、妙に納得させられるような、しかしよく考えるとかなりおかしな記述。まあ、これを書いたゴーストライター（たぶん）が、かなりの筆達者であることは認めよう。決して尊敬はできないけれど。

「外交というのは、まずメッセージが先になければならない。交渉はその先の問題である。出すべきメッセージを出さなければ、そもそも交渉にならない。制裁するかもしれないと思わせることによって、困った相手は、はじめてテーブルにつくのである」（五八ページ）

これを、イラクでも行うようにアメリカに一度でもアドヴァイスしていたのなら、この言い分も認めよう。だが、イラクにおける状況はどうだったのか、いま、どうなっているのか。このゴースト君(たぶん)、書いていておかしいとは思わなかったのだろうか。

靖国問題に触れた部分にも、ぎょっとする記述が見える。

「指導的立場にいたからA級、と便宜的に呼んだだけのことで、罪の軽重とは関係ない」(七〇ページ)

これが、安倍氏のA級戦犯に関する基本的な考え方だ。これでいいのか。少なくとも、戦争遂行の指導的立場にあったことは認めているのだから、その人たちから「罪の軽重とは関係ない」と戦争責任を切り離してしまうのは、なんとも納得しがたい論理だ。では、戦争責任は、いったいどこにあったのか。

もし安倍氏の論理を押し通すとするなら、まずその戦争責任の所在を明らかにしなければなるまい。責任がA級戦犯の人たちの罪の軽重と無関係だとするなら、いったい誰に責任があったのか。それを明らかにしなければ、単なる「身内かばい」のリクツでしかない。

当然のことながら、安倍氏は身内でありA級戦犯容疑者として逮捕された祖父・岸信介元首相のこの部分については、この本のなかでは一切触れていない。戦争責任論を伴わないA級戦犯論は、成立し得ない。

この章にも、ご都合主義のダブル・スタンダードが頻出する。たとえば、こんな具合だ。

「また、『日の丸』は、かつての軍国主義の象徴であり、『君が代』は、天皇の御世を指すといって、拒否する人たちもまだ教育現場にはいる。これには反論する気にもならないが、かれらは、スポーツの表彰をどんな気持ちでながめているのだろうか」(八三ページ)

反論する気にもならない、と言いながら、たとえば東京都教育委員会の凄まじいばかりの思想調査、大きな声を出さないからといって、教員の口元に耳を近づけて「音量調査」するといった、マンガにもならない恥ずべき行為を繰り返す都教委の姿勢を支持するのが安倍氏ではないか。そして、違反とされた教員たちの処分を当然のこととして支持する。

では、小泉首相や安倍官房長官が靖国問題で必ず持ち出す「内心の自由」はどうなるのか。自分のことは棚に上げて、という言葉があるが、自分たちが靖国に参拝するのは個人の自由であり、君が代を歌いたくないという自由は認めない。

この本のなかでは、この二重基準が繰り返し使い分けられる。自分は正しいが、相手が同じことを言った場合は相手が間違っている。この繰り返しである。ヘンだとは思わなかったのか、ゴースト君(たぶん)。

第四章　日米同盟の構図

この章に、安倍氏の政治的スタンスが鮮明に現れている。すなわち、憲法九条の改定と集団的自衛権の行使、そして自衛隊の国軍化である。
「たとえば日本を攻撃するために、東京湾に、大量破壊兵器を積んだテロリストの工作船がやってきても、向こうから何らかの攻撃がないかぎり、こちらから武力を行使して、相手を排除することはできないのだ」(一三三〜一三四ページ)

少しは調べて書いたほうがいい、いかにゴースト君(たぶん)であろうとも。たとえば、二〇〇一年一二月の北朝鮮不審船撃沈事件。これを安倍氏ほどの政治家が知らないわけはない。このとき、日本の領海内(日本の排他的経済水域から出た後だったという説もある)に入ったという理由で、北朝鮮の工作船とされた不審船は、日本の海上保安庁の六時間にも及ぶ追跡と威嚇射撃のすえ撃沈され、乗組員全員が死亡した。

つまり、東京湾どころか日本の領海かどうかさえはっきりしない海域で、テロリストかどうかもはっきりしない段階で、むろん大量破壊兵器を積んでいるかどうかなどまるでわからないのに、この不審船は攻撃され、海に沈んだのだ。この事件での日本の対応が良かったのかどうかを、ここで評価するつもりはない。ただ、これが大ニュースとしてメディアに流れたのは、紛れもない事実だ。とすれば、安倍氏の言い分はまったくおかしい。

すでに「相手を排除」した事例が、ここに厳然としてあるではないか。結果として、大量破壊兵器など積んでいなかったにもかかわらず。

もし安倍氏が、「あのときの政府の対応は間違っていた。日本はあんな攻撃をしてはいけなかったのだ」と言うのなら、安倍氏の言い分もわからないではない。しかし、安倍氏がそんなことを言ったとは、寡聞にして聞いていない。

イラク問題にしても、ブッシュ大統領の言い分を繰り返すだけ。よく読むと（適当に読んでも）それ以外のことは、ほとんど書いていない。

「第二に、日本は、エネルギー資源である原油の八五％を中東地域にたよっている。しかもイラクの原油の埋蔵量は、サウジアラビアについで世界第二位。この地域の平和と安定を回復するということは、まさに日本の国益にかなうことなのである」（一三五ページ）

だが、その後の中東情勢はどうなったか。アメリカの思惑など、とうの昔に消し飛んでしまっている。混迷を深めるイラクに、「この地域の平和と安定を回復」したなどと、口が裂けたって言えるわけがない。

第六章　少子国家の未来

「年金は必ずもらえるし、破綻しないように組み立てられている。もし破綻することがあるとすれば、それは保険料収入がないのに、年金給付をつづけていったときだ。いいかえると、いまのままの保険料水準と給付水準をつづけていけば、これからはもらう人が増えるのだから、将来はどこかで払えなくなってしまう。破綻するというのは、このことだ。だからそうならないように、保険料をどのくらい上げて、給付水準をどのくらい下げたらよいのか、と

いう議論をしているのである」(一八四～一八五ページ)

少し前(〇四年)、「百年安心年金制度」などというスローガンで年金改革を強行したのは、安倍氏の自民党ではなかったのか。その批判を「郵政改革」一本にすり替えて年金問題を隠し、騙し討ち選挙を行ったのは、安倍氏たちではなかったか。

いまさら、このままいくと破綻する、だから取る金額は上げて出す金額は下げさせてもらうからね、と言うのか。そりゃあないだろう。「百年安心」はどこへ行ったのか。百年どころか、たった二年でボロが出ているではないか。

こんな政策のどこに「再チャレンジ」可能な優しい未来が見えるだろう。案の定、この本では「再チャレンジ」についての具体的な政策提言はまったく行われていない。

そして最後に。

第七章　教育の再生
このような方に、教育を再生していただきたくはない、と読みながら思ってしまった。「ダメ教師には辞めていただく」(二一〇ページ)というが、辞めていただきたいのは、まずダメ政治家のほうである。
やはり、この人が次期首相最有力だということになると、不安が——。

(〇六年八月二日)

第3章 「闘う政治家」の闘い方

レバノンで、イスラエルとイスラム原理組織ヒズボラとの戦闘が激化している。

かつて「中東の真珠」と呼ばれ、美しいリゾート都市でもあったベイルートは、見るも無残な瓦礫の街に変わり果てている。そして、それ以上に悲惨なのは、罪もない一般市民、ことに逃げ場を失った子どもたちが、激しい空爆で傷つき死んでいることだ。

この戦い、何が原因なのか、なぜ終結できないのか。

(注・レバノン戦争。イスラエルは二〇〇五年七月、ヒズボラ(神の党)がイスラエル領に侵入し、兵士二名を拉致した報復として、レバノン領内のヒズボラ支配地域を空爆。やがて空爆はレバノン全土へ拡大、ベイルート港は封鎖され、国家機能はマヒ状態に陥った。さらに、イスラエルは地上侵攻も開始、レバノンでは七月中だけで、約一〇〇〇人を超える死者、三〇〇〇人を超す負傷者を出したと伝えられる)

無残なり、中東の真珠—レバノン戦争の悲惨

ほんとうに美しい街であったベイルートが、航空写真で見るかぎり、まるで虫食い穴だらけのような無残な都市に変貌している。イスラエルの凄まじい空爆の結果である。

これほど悲惨な戦争（戦争は悲惨に決まっているけれど）もあまり例がない。イスラエルの猛烈な爆撃で殺されているのは、ほとんどがなんの関係も、むろんなんの罪もないレバノンの一般市民、その多くは子どもたちだ。

戦闘を繰り返すイスラエルとイスラム教シーア派民兵組織ヒズボラの、どちらの言い分が正しいのかを、ここで検証するつもりはないし、その判断材料も持ち合わせてはいない。戦争当事者は、必ず自らの正当性を語る。戦争をしながら「我がほうが悪い」などと言った国や組織は、これまで歴史上あったためしがない。

今回もイスラエルは「自国の兵士がヒズボラに拉致されたことが、発端だ。彼らを解放しないかぎり、ヒズボラに対する攻撃は続ける」と主張している。これに対しヒズボラ側も「レバノン領内に侵入してきたイスラエル兵士を拘束したもので、これは戦時中の正当な行為であり拉致などではない」と反論する。

このような場合、どちらの言い分に正当性があるのかは、いつだって闇の中だ。かつての戦争の歴史がそれを証明している。しかし、論争が殺し合いに発展していいわけがない。

圧倒的な軍事力を誇るイスラエルの攻撃は、容赦ない。（二〇〇六年）八月六日現在での死者は、イスラエル側九四人（兵士五八人、市民三六人）。一方レバノン側の死者は、ヒズボラの戦死者も含めすでに一〇〇〇人を超えたと言われている。しかも、爆撃で崩壊した建物の瓦礫の下にはまだ相当数の人びとが埋もれていると見られ、レバノン側の死者数は確定できていない。おそらく、イスラエル側の二〇倍ほどの死者がレバノン側では出ているのではないかと推定されている。それでもヒズボラは反撃、イスラエル領内に多数のミサイルやロケット砲を撃ち込み、戦闘がおさまる気配はいまのところない。

ここで問題なのはやはり、イスラエルに大きな影響力を持つ超大国アメリカの存在だ。アメリカは、現在も莫大な支援をイスラエルに与えている。そのアメリカがイスラエルに圧力をかけ、攻撃中止を要請すれば、いかに強硬なイスラエルといえども、その政策を変えざるを得まい。

しかし、国連安全保障理事会でのアメリカは、イスラエル寄りの姿勢を鮮明にして、停戦決議を成立させようとする諸国の足を引っ張るばかり。安保理の決議は、このためかなり中途半端なものになってしまった。どういうことか?

安保理常任理事国であるフランスは、「イスラエル、ヒズボラ双方の敵対行為の即時中止」を求める決議案を提出していた。そして、多くの非常任理事国は、このフランス原案を支持していたのだ。ところがアメリカは、これに不満を表明。決議案をなんとか通したいフランスとの間で、折衝が続いた。その結果、両国はなんとか合意する。だが、その合意内容は「イスラエル、ヒズボラ双方の敵対的行為の即時中止を求める。ただし、付帯決議として、イスラエルの防衛的行動は認める」というもの。

どうにも釈然としない。誰が見てもイスラエル寄りとしか考えられない。

ヒズボラ側には「戦闘行為の即時全面中止」を要求しておきながら、イスラエルに対しては「防衛的な行動」は認めるという。つまり、イスラエルが「これは防衛的戦闘行動である」と言明すればそれは認めるが、同じようにヒズボラ側が「イスラエルの攻撃に反撃する」ことは認められない。どう考えても、これはフェアではない。

いわゆる反撃権を一方にだけ認め、もう一方には認めないとする決議など、戦闘中止に効力を発揮するはずがない。同時に双方が同じ条件で合意しなければ、戦闘はおさまらない。そんなことはアメリカだって、百も承知、二百も合点のはずなのだ。アメリカの一方的で身勝手な超大国ぶりが、ここにも現れているのである。

あのアフガン戦争についても、同じことが言えたのではなかったろうか。アフガニスタンでは、強硬派のイスラム原理組織タリバンが、またもや息を吹き返しつつある。アメリカの後ろ盾でなんとか政権を維持しているカルザイ大統領だが、その勢力はやっと首都カブール周辺に及ぶだけ。あとはまたしても、タリバンや地方軍閥組織が跋扈《ばっこ》する状況になっているという。タリバンはその勢力を一万人近くにまで復活させつつあり、かなり大規模な戦闘行動が可能なほどになっている。

アフガニスタン政府は政権維持能力を失い、アメリカの顔色を見て動くだけ。政権内部にはまたしても汚職や賄賂が横行し始め、腐敗が進んでいる。それに怒り、タリバンの勢力伸張に喜ぶ住民たちも現れているらしい。最近も、イギリス軍がタリバンの攻撃を受け、多数の死傷者を出しただばかり。いったいアフガン戦争とはなんだったのか。もはや、それを語れる者はどこにもいない。ただ、銃声と爆音が荒れ果てた大地に復活してしまっただけだ。

さらに、イラク情勢は一向に好転しない。好転どころか「現在のイラク情勢は、戦争以来最悪のレベル」とまで言われている。ほとんど内戦状態である。誰が、何が、そしてどんな思惑が、そんな内戦を招いたのか。

アメリカは、アフガニスタン、イラクに続いてレバノンでも、イスラエルを支持することによって泥沼に足を踏み込もうとしている。この超大国は、いつまで、そしてどこまで、戦争にのめり込んでいくのだろうか。

私たちの国日本は、どこまで、そしていつまで、この超大国にすがりついていくのだろうか。

（〇六年八月一六日）

すでに次期自民党総裁に決した感のある安倍晋三官房長官が、ついに「集団的自衛権」に踏み込もうとしている。それは否応なく、私たちの国を「アメリカの戦争」に引きずり込むものではないか。

国民になんの信を問うこともなく、勝手に憲法解釈を捻じ曲げ、誰かさんと一緒に戦争のできる国にしたがっている。安倍氏は、日本に暮らす人びとよりも、やはり誰かさんが大切らしい。

誰と一緒に戦争を?―集団的自衛権という悪夢

八月二一日付の『毎日新聞』一面に、次のような記事があった。

―見出し―

集団的自衛権　解釈変更で容認

安倍氏政権構想　その後全面改憲

―記事―

自民党総裁選で、安倍晋三官房長官が9月1日の正式出馬表明時に発表する政権構想の骨格が固まった。憲法改正について、現行憲法のまま解釈変更により集団的自衛権の行使を容認したうえで、全面改正を目指す2段構えで臨む。また、「教育バウチャー（教育利用券）」制度の導入や「公」の意識を養う教育改革も大きな柱にすえる方針で、保守色の濃い内容となる。（中略）

安倍氏は「自衛軍」保持を明記した昨年の自民党新憲法草案をもとに、「自主憲法制定」が結党以来の目標として、9条と前文を含めた全面的改正を目指す。その前段階として、現在の政府解釈では行使を認めていない集団的自衛権について、解釈変更による行使容認を盛り込む。（中略）

外交では、日米同盟を機軸にインドやオーストラリアなどとの連携強化を打ち出す。中国に対しては、政治的関係と経済交流の拡大を切り離す「政経分離の原則」の確認を提唱。自身の靖国参拝については、政治・外交問題化を避けるためとして触れない考えだ。

また小泉改革路線の継承を訴える一方、「再チャレンジ可能な社会作り」を打ち出す。

（以下略）

安倍氏はまず「解釈改憲」を極限まで押し広げようとしている。

内閣法制局でさえ、集団的自衛権は現行憲法に抵触するとして、従来から認めてはこなかった。自衛隊の海外派兵と直接戦闘につながる集団的自衛権は、いくら解釈を変えようとも、憲法、とくに九条が厳然として存在している以上、その行使には絶対的な矛盾が生じる。安倍氏は、どういう理屈で、この矛盾に整合性を持たせようとするのか。

集団的自衛権を認めてしまえば、いったいどういうことになるか。たとえば、アメリカ軍がイラクで現在以上の損害を受けた場合、同盟国としての日本は、自衛隊を再度イラクへ派兵して、アメリカ軍とともに戦うことも可能になる。理屈上はそうなる。同盟国が危機に陥ったとき、その国と共同で敵に対処する。これが基本的な集団的自衛権の考え方なのだから、いくら安倍氏らが「そんな極端なことはしない」などと取り繕《つくろ》っても、理屈上はそうならざるを得ないのだ。

「そこまでは踏み込まない。日本に直接かかわる緊急事態のときにのみ、アメリカ軍と共同行動をとる」と安倍氏は言うだろう。

しかし、いったん歯止めをはずしてしまえば、あとはズルズルと行くところまで行ってしまう。それは、歴史が証明している。絶対にそうはならないと、誰が確信をもって言えるのか。

歴史を学ばない、もしくは学びたくない人たちが、またも悪しき歴史を作ろうとしている。そして、この「解釈改憲のロジック」は、確実に日本人の精神を蝕んでいく。

まず憲法を踏みにじる行為をしておいて、そのうえで「憲法は実情に合わなくなったから、現状に即して改憲しよう」などと言い出す。憲法という国家の基本法を破ったことには頬っかむりしておいて、つまり、法を犯したことには目をつむり、破られた法が悪いからそれを変えてしまえという荒っぽいリクツ。そんな論法がまかり通る国を、法治国家と呼べるだろうか。そのリクツが通るのならば、憲法も法律も必要ない。権力者の決めたことは、すべて正しい。どこかの国を笑えない。

どうしても集団的自衛権を行使したいのであれば、まず憲法を改定して、そのうえで行使に道を開くのが筋だろう。

次期首相と目される安倍氏が、こんな姑息《こそく》な政策を堂々と打ち出す。本人がこの政策はおかしいと、まったく認識していないところが、コワイ。それに対するメディア側からの批判は、とんと聞こえてこない。

そして、こんな人物が教育改革を行うという。どういう改革になるのか。

安倍氏は著書『美しい国へ』で、「闘う政治家宣言」をぶち上げた。ところが、自ら靖国参拝をしたことに対しては、ダンマリを決め込んだまま。「参拝したかどうかもコメントしない」と言う。批判を受けそうなことにはコメントを避ける、逃げる。そんな人が「闘う政治家」だろうか。

優しい言葉で「格差社会」の解消を訴える。いわゆる「再チャレンジ可能な社会」というフレーズだ。だがこの人、ほんとうに優しいのか、温かいのか。
○六年八月一五日、加藤紘一議員の山形県の自宅が放火された。現場に右翼団体の関係者が割腹して倒れているのが発見された。これは状況から見て、靖国問題やアジア外交に関する加藤議員の発言に対するテロではないか、と言われている。
ここでぎょっとしたのは、この事件への安倍氏の対応ぶりだ。安倍氏は、加藤議員に見舞いの電話すらかけていないという（八月一六日現在）。かつての加藤氏の盟友（ＹＫＫ）だった小泉首相の対応も同じだ。これは、小泉首相がよく使う「非情」などという次元の話ではない。もはや「非常識」というレベルだろう。同僚議員の家が放火されたのだ。たとえそれほど親しくはなくても、同じ党の幹部として、お見舞いするのが人情というものだろう。

安倍氏は小泉改革を継承するという。この「非情」ならぬ「非常識」も、すでに継承済みなのか。

そんな人の言う「再チャレンジ可能な社会」である。はたしてどんな社会を作ろうというのか。温かさなど感じられないだろうなあ、と慨嘆せざるを得ないのである。

（○六年八月一六日）

やはり「ビラ撒き」は無罪だった。

それにしても、こんな常識的な判決が、これほどメディアで大きく取り上げられるところに、いまの私たちの国の危うさ、追い詰められた「思想表現の自由」の瀕死の状況が浮かび上がってくる。

私たちの自由は、もはや蘇生できないのだろうか。

ビラ撒きご用心

東京都葛飾区のあるマンションで、二〇〇四年一二月に共産党の宣伝ビラを配布していて逮捕され、住居侵入罪に問われて起訴された男性に、〇六年八月二三日、東京地裁は無罪判決を言い渡した。

このところ、かなり行政寄り、もっと直接的に言えば権力寄りの判決ばかりが目立つ裁判で、やっと常識的な判断が示されたということに、ほんの少しの安堵を感じている。

しかし安堵してばかりもいられない。〇四年一月に起きた東京都立川市の防衛庁(当時)官舎でのビラ撒き事件では、地裁でいったん無罪判決が出たものの、二審の東京高裁では逆転有罪、三人の被告に一〇～二〇万円の罰金刑が言い渡された。むろん、被告側は上告、結論は最高裁へと持ち越された。
このほかにも「ビラ撒き逮捕」の事例はかなりある。
〇四年三月、東京都中央区のマンションで、共産党機関紙を配っていた公務員が逮捕。また、〇五年三月には東京都町田市の野津田《のづた》高校の門前で、「日の丸君が代強制反対」のビラを配った男性二人が逮捕、同年同月に同じようなビラ配布で、都立農産高校(東京都葛飾区)前で、やはり男性一人が逮捕されている。さらに同年一〇月、東京都世田谷区の警視庁職員宿舎で、共産党のビラを配った男性が国家公務員法違反容疑で起訴された。事例は枚挙にいとまがない。

このような逮捕が、なぜか東京都に集中していることにも注意が必要だろう。それは、治安維持にとても熱心で、大の共産党嫌い、日の丸君が代強制教育の先頭に立っている東京都教育委員会を率いる石原慎太郎東京都知事のお膝元で繰り返されている逮捕劇だからだ。とにかく自分の言うこと以外は聞く耳持たず、批判者を口汚く罵《ののし》ることで有名な石原知事の意向が見え隠れしている、というのは考え過ぎだろうか。

逮捕が、共産党のビラや日の丸君が代の強制反対ビラ配りなどに集中していることを考えれば、それほど的外れとも思えない。

その知事の威光をかさに着てのあまりの強圧的な振る舞いに、ついに都議会与党の自民党からさえ批判の声が出てあえなく失脚したのが、石原知事子飼いの浜渦前副知事だった。ところがその浜渦氏、いつの間にか、またもや都参与として復権していたのだ。むろん、石原知事の意向による。

（注・浜渦武生《はまうずたけお》。一九四七年、高知県生まれ。関西大学文学部卒。石原慎太郎参院議員の公設秘書を務め、その後も石原側近としてつかえ、東京都副知事に抜擢される。あまりの強権的姿勢に都議会の問責決議を受け、〇五年七月に辞任するが、その直後に、都参与として返り咲く）

なにせ、週に二～三日しか登庁せず、それも午後数時間でどこかへ消えてしまうという石原知事のもと、この腹心中の腹心・浜渦氏がいなければ、行政は何も動かなかったのだという。

浜渦氏は、石原知事以上の日の丸君が代強制論者だという。さらに、東京都教育委員会の教育長として凄まじいばかりの日の丸君が代強制路線を貫き、反対者狩りに突っ走り大量の処分を行った最強硬派の横山洋吉氏が、副知事に昇格した。強烈な布陣だ。だから、日の丸君が代の強制に反対する、という意志表示の自由は、東京では風前の灯なのである。

小泉首相が強調したのは「心の自由」であった。彼はそれを表現するために、あのような大騒ぎを起こしてまで靖国参拝を行った。安倍「次期総理」も、教育改革なる旗を振り回して、日の丸君が代強制路線をひた走る構えだ。むろん「心の自由」を叫んで、靖国にも行くだろう。

その一方で、ほとんど誰にも迷惑をかけず、別に騒ぎを起こすでもなく、ビラを撒いただけで、普通の人なら恐慌をきたすような逮捕という強権的な圧力が加えられる。

これは、権力者には表現の自由が認められ、権力から遠いところにいる人間にはビラを撒く自由さえ与えられない、ということを意味する。

この「ビラ撒き逮捕」で何度も指摘されてきたことだが、今回の地裁判決でも「ピザのチラシなども配布されているが、それが逮捕にいたったという報道はいままでにない」との趣旨が述べられている。行政による広報誌やお知らせなどの配布でも、逮捕の事例などない。

であれば、やはりビラの内容や、それを配布した政党が狙い撃ちされたとしか考えられない。このようなことが平然と行われているのが、残念ながら、いまの私たちの国のありようなのだ。このまま事態を放置するならば、言いたいことも言えない息苦しい社会がやってくるのは目に見えている。

いかに強引に逮捕に持ち込んでも、さすがに、前記のうちの〇五年の二例では地裁が拘置請求を却下して釈放されたり、地検が拘置請求そのものをあきらめたりしている。だが、逮捕という行為がどれほど普通の人を恐怖に陥れるか、そしてそのことが、他の人たちにどれほどの抑止効果、見せしめ効果をもたらすか、少しでも想像力のある人ならすぐにでも理解できるだろう。

権力はその力を、民を沈黙させるために用いる。

立川の例では七五日間、葛飾区の例でも二三日間、拘置されている。いかに後に無罪を勝ち取ろうと、数十日間も拘置されて平静でいられる人など、めったにいない。しかも、こんな「微罪」で、である。これは「見せしめ」以外のなにものでもない。たとえ無罪になったとしても、権力は、逮捕した時点で十分にその見せしめ効果を、世の中に知らしめたのだ。


いずれ、ネットのなかにも権力は手を伸ばしてくるだろう。そうなれば、このようなウェブマガジンのみならず、ブログでの自由な意見の表明さえ規制されることになりかねない。

これは右翼も左翼も関係ない。その時々の権力にとって邪魔になるもの、批判的な表現はすべて対象となる。右・左いずれの側に属していようとも、手を携えて闘わなければならないはずなのだ。

そのために、こう叫んでおこう。

「おーいっ、ビラぐらい、自由に撒かせろよーっ」


（〇六年八月三〇日）

またしても、安倍晋三氏について書かなければならない。

少々ウンザリ気味ではあるけれど、なにせこの人、次期首相に当確なのだから、やはりその危うさはきちんと批判しておく必要がある。

安倍氏は、ついに正式に自民党総裁選挙に出馬を表明した。で、その出馬表明に際しての公約政策案とでもいうべき「美しい国、日本」なるパンフレットを発表した。またも「美しい国」である。

この「美しい国」、逆から読めば「憎いし苦痛」となる、というのはすでにネットの世界では大うけしたギャグだけれど、友人のジャーナリストから送ってもらったこのパンフを読むと、とてもギャグではすまされない。

読んでビックリ、見て唖然。

衣の下の鎧と剣と

〈ビックリ唖然の理由　その①〉

さて、なんでビックリ唖然なのか。

なんとこのパンフ、たったの四ページ（注・表紙はほぼ全面、安倍氏の顔写真だから、実質たったの三ページ）なのだ。そのうえ、一ページは美辞麗句の宣言（?）みたいなものだから、実質は二ページしかない。

総裁選有力三候補とされる（実際は安倍氏の独走のようだが）麻生太郎氏のパンフ「日本の底力」が二八ページ、谷垣禎一氏の「『活力と信頼の国家・日本』を創る」が二四ページであるのに比較すると、その中身の薄さが目立つのだ。

〈ビックリ唖然の理由　その②〉

むろん、長ければ良いというわけではない。しかし、これはたぶん「ワンフレーズの小泉人気」を見習い、余計なことは言わず、とにかくキャッチフレーズだけで切り抜けようとする姑息な手法ではないか。

そんなことは邪推だ、と反論されるかもしれない。だが、このパンフレットのいたるところに見られる表現には、呆れてしまう。小泉首相の真似としか思えないのだ。

たとえば、こうだ。

「地方の活力なくして国の活力なし」

「成長なくして財政再建なし」

「強い日本、頼れる日本」

「政治のリーダーシップを確立」などなど。

まさに小泉亜流としか思えないスローガン、いつかどこかで聞いたようなフレーズの羅列。「改革なくして成長なし」とこぶし振り上げ、郵政民営化、道路公団民営化などを推し進め、しかし民営化は名前だけ、実質はかえって以前より後退してしまったと批判されている「小泉改革」を、そのまま言葉だけ踏襲して、人気だけを受け継ぎたい。

このパンフから読み取れるのは、そういうことでしかない。

ところが、ただ一つだけ、小泉路線のモノマネを拒否した部分がある。小泉首相とは違い、派閥を無視しない、ということだ。

小泉首相ほどには根性が座っていない自分を自覚しているのか、派閥への配慮をにじませていることだ。結局、安倍氏は旧来の派閥を森喜朗元首相から譲り受け、自分なりの派閥政治を復活させようとするだろう。

根っからの派閥政治家だった祖父・岸信介元首相、父・安倍晋太郎元外相のDNAをきちんと受け継いだ、世襲坊ちゃん政治家なのである。

〈ビックリ唖然の理由　その③〉

さて、その政策の中身も、しっかり見てみるとビックリするほど冷酷だ。たとえば、「具体的な政策」と題されたなかには次のように記されている。

［2］自由と規律でオープンな経済社会

（1）官と民との新たなパートナーシップの確立

○小さく効率的な政府の推進。民間活力フル活用

どう思いますか？

小さな政府が公的援助の削減につながるということは、さすがの安倍氏もわかってはいる。だから、「政権の基本的な方向性」と名づけられた部分では、「民間の自律と、過度の公的援助体質からの脱却」と謳っている。「自律」とは「自分の面倒は自分で見ろ」ということ。援助なんかあてにするな、ということだ。

しかし、生活保護世帯や就学援助制度（注・義務教育期間中の児童・生徒がいる経済的困窮家庭に対し、学習に必要な費用を援助する公的制度）に頼らざるを得ない家庭の激増ぶりは、このところメディアでもひっきりなしに取り上げられている。それほどの貧富の差、「格差社会」が広がりつつあるのを、政府の代表者になろうとしている人間がきちんと見据えていない。むしろ、見捨てる方向へ舵を切ろうというのだ。

あのトヨタでさえ、偽装請負や外国人労働者の低賃金不正雇用などで批判されている世の中で、民間活力が野放しにされたときに何が起こるか、安倍氏は知ったうえで政策提言して

いるのだろうか。

さすがにこれだけではマズイと思った知恵者が裏にいたのかどうか、しきりに「再チャレンジ可能な社会」を言い立てる。だが、そこに書かれているのは、こうだ。

○働き方、学び方などの複線化で、多様な生き方と、チャンスにあふれる日本の実現

これほど冷酷な言い方もない。働き方の複線化とは、何を意味するのか。

正規社員と非正規社員の格差がこんなに社会問題化しているなかで、これはすなわち、フリーターやアルバイト、パート労働者の身分固定化を意味する以外のなにものでもない。喜ぶのは、誰か？

〈ビックリ唖然の理由　その④〉
主張する外交で「強い日本、頼れる日本」
（1）「世界とアジアのための日米同盟」を強化させ、日米双方が「ともに汗をかく」体制を確立。経済分野でも同盟関係を強化
（2）開かれたアジアにおける強固な連帯の確立
○中国、韓国等近隣諸国との信頼関係の強化

ナショナリズムを煽るだけ煽っておいて「開かれたアジア」とは恐れ入るしかないが、靖国参拝すら「いつ参拝したか、したかしないかについても明らかにしない」という「闘う政治家」が、いったいどのような信頼関係をアジア諸国と結べると言うのだろうか。

さらに、こうも書かれている。

（4） 自由な社会の輪を世界に広げる

○米欧豪印など価値観を共有する国々との戦略対話を推進

まさにアメリカ。自由社会から外れてしまう価値観の違う国、たとえばイスラム諸国、社会主義（いまも存在するとして）諸国などとどう付き合っていくのかは、まるで視野の外のようだ。そのうえで、自国の価値観のみを絶対視して世界の警察官を自認するアメリカには、一層の同盟強化で擦り寄る。まさにいびつな国際情勢認識。

価値観の違う国とどう向き合っていくのか、それが外交の最大の課題ではないか。価値観を共有しているならば、さほどの問題もなく付き合えよう。価値観が違うからこそ、相互理解のための外交戦略が必要なのだ。それに触れない政策など、外交無知と謗《そし》られても仕方あるまい。

〈さらに、ビックリ唖然の理由　その⑤〉

そんな安倍氏が、教育改革に乗り出すという。勘弁してほしい。

「百年の計」の教育再生をスタート

○高校、専修学校、高専等における社会ニーズにマッチした教育体制の強化

そして、妙にキナ臭いのがこの部分の最後の文面だ。

○学校教育における社会体験活動の充実

前段では、労働（雇用）形態にあわせた教育現場の差異化が図られる。つまり、ここからすでに、雇用における正規・非正規の差別化が始まりかねない。しかし、それよりもっと不気味なのは、後段の「社会体験活動」という部分。これがいわゆる「ボランティア徴兵制」につながる、と指摘する人もたくさんいるのだ。

なぜか？　大学入学では、このボランティア活動を必須として義務付け、これを単位制とする。そして、その単位を取得しなければ入学資格を認めないというのが、最終的な安倍教

育構想ではないかと疑われているのだ。

最初は個人的ボランティア活動も認められるだろう。だが、どのような活動を「単位」として認めるかを、公的機関が判断するようになれば、どうなるか。いずれ、公的機関が(つまり教育委員会が)「これをやりなさい」と指定してくる活動に限定されることになるだろう。それが、介護施設での活動や災害救助活動などであるうちは、まだいい。しかし、自衛隊での実習などが正式な「社会体験活動」として単位制に組み込まれるような事態が絶対に来ないと、はたして言い切れるだろうか。ボランティア徴兵制というのは、そういうことなのだ。

ほんとうに怖いことは、最初は優しい顔で現れる。

衣の下から鎧どころか、鋭い剣が見える。

たった四ページのパンフレットから、こんなにも危ない姿が見えてくる。この安倍氏、私はやはり、首相にはなってほしくない。

最後にひとつ、『毎日新聞』九月五日付けの次のような記事が目に留まったので紹介する。いまの日本が海外ではどう見られているか、そして次期首相たる安倍氏がどう受けとめられているか、とても示唆的な記事である。

—見出し—

「安倍氏とイラン大統領似ている」

独誌指摘「歴史修正志向で」

――記事――

［ベルリン共同］　４日発売のドイツ有力週刊誌シュピーゲルは、小泉純一郎首相による靖国神社参拝に関する記事を掲載。この中で安倍晋三官房長官が歴史家による東京裁判研究が必要との立場を取っており、ホロコースト（ユダヤ人大量虐殺）を「神話」と呼んだイランのアフマディネジャド大統領と「歴史修正志向の点で似ている」と指摘した。

同誌は「専門家によるホロコースト研究が必要だ」との大統領発言との類似性を挙げ、安倍氏も靖国参拝を好み、中国や韓国に対する侵略を激しく批判することを拒否しているとした。

さらに、戦時体制を産業政策面から支えた安倍氏の祖父、岸信介元首相を「アルベルト・シュペーア（ナチスの軍需相）」になぞらえ、こうした家系が安倍氏の思考に影響したようだと指摘した。（以下略）

「歴史を見直せ、日本は間違っていなかった、正しかったのだ」と主張する最近の日本の危ういナショナリズムの昂揚《こうよう》に、安倍氏が乗っかっているのではないか、という指摘なのだと思う。あなたは、どう思いますか？

（二〇〇六年九月六日）

自由民主党総裁選挙である。

まあ、結果はもう見えているが、安倍晋三氏、麻生太郎氏、谷垣禎一氏の三人の争い。大丈夫かなあ、この方たちで。というのが、私の率直な感想である。

友人には、またいつもの心配性が始まった、と言われてしまった。しかし、この心配には理由がある。そう、この方々、三人揃っていわゆる世襲議員なのだ。つまり、政治家であった祖父や父の跡を継いだ「七光り議員」なのである。

政治とは、そもそも世襲でできるものなのだろうか。

親の職業を継ぐということ——世襲議員とは何者か

そこで、少し調べてみた。いやはや、多いとは思っていたけれど、これほど「七光り議員」が大量発生しているとは知らなかった。

だいたい、政治が世襲の仕事であるということは、正しいのだろうか。親が素晴らしい政治家であったということと、その子どもが良い政治家になるということが、（むろん、例外はあろうが）イコールであるはずがない。むしろ、その逆であることのほうが多いのではないか。

「売り家と　唐様で書く　三代目」という江戸川柳を持ち出すまでもない。親の財産を食いつぶし、三代目にはついに祖父が残してくれた家さえも売りに出さざるを得なくなった。しかし、遊びや趣味には金をかけていたから、習い覚えた唐様文字で、目立つように書くことはできた。まあ、そういうわけである。

江戸時代だけの話じゃない。むろん、そんな例は現代の大企業でも多く見受けられる。で、政界での世襲議員の場合はどうなのか。

数え方によって、多少のバラつきはある（婚姻関係をどこまで含めるかによっても違ってくる）。いちばん多い人数を示している資料によると、全衆議院議員四八〇名中一八五人が二世・三世議員だという。これは全衆議院議員の三八・五％にあたる。まさに恐るべき数字だ。なかでも突出しているのは、やはり自民党。二四四人中、実に一二六人が世襲議員。これは、五一・六％という高率になる。民主党が一七六人中四八人で二七・三％なのに比べても、その突出ぶりは目立っている（二世三世議員データバンク・二〇〇六年八月現在）。

なぜ、こんなことが起きるのか。

地盤（親などが作った地元後援会組織）、看板（知名度、これこそ親の七光り）、カバン（これも親から譲られた資金力）の三バンがそろっている世襲議員は、選挙では圧倒的に有利だ。とくに小選挙区制になってからは、その力は新人候補を寄せつけない強みを発揮する。

能力や資質などよりも、恵まれた環境と「格差社会」など感じたこともない資金力、親の名前を背負って、七光り議員が政界をのし歩く。今回の自民党総裁選候補の御三方などは、その典型であろう。

なかでも、吉田茂元首相を祖父に持つ麻生太郎外相と、岸信介元首相を祖父に、安倍晋太郎元外相を父とする安倍晋三官房長官は、その七光りぶりもハンパではない。ピカピカッと、目も開けていられないほどの眩しさだ。

むろん、お金持ちだから私費留学。おかげで(話す内容はともかく)英語力もかなりのものという。

こんな輝かしくも豊かな経歴をお持ちの方々に、ほんとうに格差に苦しむ人たちの嘆きなどわかるのだろうか。

そういえば、この激しい競争がもたらす「格差社会」を作り上げたご本人、小泉純一郎首相もまた、リッパな三世議員でイギリス遊学組なのであった。あのプレスリーの邸宅で歌っていたかなり恥ずかしい英語、この遊学で身につけたものらしい。

ほんとうに苦労している人たちと同じ地平で物事を見ることのできる人物に、議員になってほしいものだけれど。

(〇六年九月一三日)

第4章　暴走する政治

ついに、安倍晋三自由民主党総裁（したがって、日本国総理大臣）の誕生である。

（注・二〇〇六年九月二〇日、自民党総裁選挙で、谷垣禎一氏、麻生太郎氏を大差で破って、第二一代自民党総裁となる）

この総裁選、最初から安倍氏の独走。一応、谷垣氏、麻生氏の三氏の争いにはなったけれど、ほとんど消化試合の様相。焦点は、誰が大臣の椅子に座るのか、つまり、誰がいちばん安倍氏に忠誠を尽くしたか、というまるで『社長漫遊記』風のドタバタ劇。なにしろ政策や思想の違いなどそっちのけ、雪崩を打っての安倍支持である。政治家というものの浅ましさも、ここに極まる。

そんなわけで、国民はすっかりシラけているのだが、なにせこれから私たちの国を引っ張ることになる安倍氏だ。このコラムでももう何度も言及しているけれど、触れないわけにはいかない。

前言修正訂正撤回―新首相の得意技か

まず、『毎日新聞』九月一八日付けの次の記事にご注目を。

―見出し―

日中国交正常化「責任二分論は認識」

安倍氏、発言を修正

―記事―

安倍官房長官は17日、NHKの討論番組で、72年の日中国交正常化に際し中国が日本の戦争指導者と一般国民の責任を分けて自国民を説得した経緯について「中国側が(そういう説明を)言ったのは事実だと認識している」と述べ、「やりとりは知らない」としていたこれまでの発言を修正した。

戦争指導者と一般国民の責任分離論は、日本の首相がA級戦犯を祭る靖国神社に参拝することに対する中国側の批判の論拠となっている。安倍氏は11日の日本記者クラブでの公開討論会などで、日中平和友好条約などの公の文書にそうした事実が書かれていないことを念頭に「文書がすべてだ」などと発言し、中国側の論理を容認しない姿勢を示していた。(以下略)

ああやっぱり、である。この人は自分がこれまで話してきたことに、ほとんど責任を取らない。彼のニックネームは「前言訂正首相」で決まりではないかと思っていたが、もうその通りになってしまった。

かつて村山富市首相が表明した「植民地支配をした近隣諸国への痛切な反省とお詫びの気持ち」を、安倍氏は「認められない。個々の歴史は後世の歴史家の判断に任せるべきであって、政府が言及すべきではない」とこれまで否定していたのだが、批判を浴びるとすぐに訂正。「村山談話は、歴史的に内外に発表したものであり、その精神はこれからも続いていく」と自分の判断はまるで示さず、ほとんど意味不明、わけのわからない言い訳で逃げてしまったのだ。そして、今回の「修正」である。

前記の記事中の、中国側の戦争責任分離論は、当時の周恩来首相が、日中国交回復交渉にあたって日本政府に配慮、戦争責任論で両国政府がギクシャクしないようにと、きわめて苦労して編み出した論理だった。

「戦争を指導した者には責任があるが、戦争に駆り出された一般国民には責任はない。したがって、この両者を一緒に考えてはならないのであって、日本国民に大きな負担となる戦争賠償金の請求権は放棄する。そのうえで、国交を回復しよう」

これが、周恩来首相が唱えた「責任分離論」だったのである。まさに外交の名手、相手（日本）のもっとも弱点である部分を巧みに避けながら、最終的には感謝さえされて交渉をまとめ上げる。当時の田中角栄首相が、死ぬまでこの周恩来氏を尊敬していたのは、このような事情による。

そしてそれは、少なくとも政治に携わる者にとっては、常識とも言える日中国交回復交渉での経緯だったのだ。

むろん、安倍氏がそれを知らないはずはない。安倍氏がそれを否定したいのは、どうあってもA級戦犯を認めたくないからだろう。中国側の責任分離論を認めれば、安倍氏が尊敬してやまない祖父・岸元首相の評価にもかかわってくる。つまり、岸氏がA級戦犯容疑で逮捕されたことがあるという歴史上の事実をどう考えるかにかかわってくるからである。岸氏は明らかに、分離されたうちの「戦争指導責任者」に入る。だから、この論理を認めたくない。

だが、歴史を抹殺するわけにはいかない。

歴史の事実を認めたくない者がいる。歴史の負の部分を修正したい、と願う者がいる。これを「歴史修正主義者」と呼ぶ。安倍氏は明らかに、この歴史修正主義者である。

「この責任分離論は、文書として残されていないから、私は知らない。外交とは、文書に残されたものだけが有効なのだ」と、安倍氏は主張していた。そして「こんな外交上周知の歴史的事実を否定するのはおかしい」との批判を浴びた。で、さっそく前記記事のような「修正発言」をしたわけだ。

こんな大事な問題、それも外交問題での歴史認識が、従来の政府見解とこれほど異なっている人も珍しい。しかも安倍氏は、その異なる主張をこれまで繰り返してきたのだ。それが次期首相という立場になり、その発言が以前とは比較にならないほど注目されるようになったとたん、すぐに従来の発言を撤回する。

「歴史修正主義者」というよりは、「前言修正主義者」というべきである。

共同通信が配信した次の記事も、注目に値する。

―見出し―

米大物議員の抗議相次ぐ

次期首相に参拝中止要請

―記事―

［ワシントン一四日共同］　米下院外交委員会の重鎮、ラントス議員（民主党）は一四日の公聴会で、小泉純一郎首相の靖国神社参拝を非難し、次期首相に参拝中止を要請した。さらに、太平洋戦争中の南京大虐殺の実態を否定する教科書を「日本政府が認めている」と指摘。「歴史を否定する者は（同じことを）繰り返す」と、歴史問題に対する日本政府の態度を強く批判した。

同委員会のハイド委員長（共和党）も同神社内の展示施設「遊就館」の太平洋戦争に関する説明内容を修正すべきだと主張しており、米議会の大物が日本側の歴史認識に相次いで抗議した格好だ。

一一月の中間選挙で野党民主党が下院を奪回した場合、ラントス議員は同委員会の委員長に就任する予定。同議員は第二次大戦中のホロコースト(ユダヤ人大量虐殺)の生存者でもある。

頼みの綱のアメリカでさえ、与野党を問わず、安倍氏の歴史認識には否定的だ。小泉批判の形を取りながら、安倍次期首相にはっきりと釘を刺したわけだ。これにも安倍氏は「公聴会とはいえ一委員会のことであり、アメリカ議会がそのような認識を示したわけではないので、これについては特段のコメントはありません」と、記者会見で述べた。

都合の悪いことにはダンマリで、批判が強くなれば前言訂正。しかし、このアメリカからの批判は、彼の歴史認識にもかかわるだけに、ダンマリを押し通すことは難しいだろう。いずれなんらかの形で、はっきりとした答えを出さざるを得まい。そのときアメリカに対して「NO」と言えるのかどうか。

たぶん、またしても、前言訂正、ウヤムヤ決着を図ろうとするに違いあるまい。そして、自らの発言に足をすくわれ、苦境に陥るのではないだろうか。

この予言、たぶん、当たりますよ。

(〇六年九月二〇日)

私は仕事柄、かなり多くの雑誌に目を通している。できるかぎり、注意を引く記事はチェックしている。

しかし、もちろんすべての雑誌というわけにはいかない。そこで活用しているのが、新聞の「雑誌広告」である。ことに、月曜日は週刊誌の発売日が重なっていることもあって、新聞の下段にはズラリと派手な週刊誌の広告が並ぶ。

テレビのワイドショーなどを見ている時間がない人にとって、これはけっこうな「時代チェック」の役目を果たしてくれる。良い悪いの判断はさておき、時代の流れがどこへ向かっているのかを見極めるにはかなり役立つのだ。

週刊誌の新聞広告を読む

安倍内閣が発足してまだ数日、という時期に書かれたのが、今週発売の週刊誌記事である。なぜかこれらの週刊誌が、一斉に「安倍内閣批判」のトーンを上げている。お行儀のいい新聞やヨイショ専門のテレビとは違って、ゲリラ性を持ち味とする週刊誌各誌は、どうもこの安倍内閣の胡散《うさん》臭さに早くも気づいたようだ。

月曜日は週刊誌の発売日が重なっているが、木曜日もまた有力二誌の発売日だ。どちらかといえばかなり保守的な論調を持つ『週刊文春』『週刊新潮』が木曜発売。しかし、この二誌でさえ、先週の記事を見るかぎり、かなり安倍内閣批判にシフトしていた。

つまり、週刊誌業界では、安倍内閣はそうとうヤバイ、と考えられているということなのだ。早くも足元からスキャンダルの臭いも漂い始めた「仲良しネオコン内閣」、行く手は多難とみた。

さて、今週、とくに目を引いたのが『週刊プレイボーイ』だ。

なんと、朝日新聞の全面カラー広告を打ってきたのだ。しかも、そのコピーがイカしている。こうだ。

安倍さん、
本当に憲法
変えちゃう気ですか。

その広告のキャラクターとして登場しているのが、いまベストセラーになって話題の『憲法九条を世界遺産に』（集英社新書）著者の、太田光・中沢新一のお二人。『週プレ』、どうも本気で安倍首相に噛み付く気配だ。

そんなわけで、とりあえず、今週月曜日発売の各週刊誌の広告をチェックしてみよう。まず、その広告に敬意を表して『週プレ』から。

〈『週刊プレイボーイ』一〇月一六日号〉
「美しい国」ってなんやねん！　「見せかけ」ニッポンに怒りのツッコミ一五連発
鈴木宗男　安倍首相よ、弱者・地方を救えるか
小田嶋隆　山本一太〝腐れロック〟を止めろ！
須田慎一郎　竹中は戦後日本最大の貧乏神
（さらに、こんな面白記事もある）
スクープ！「単位〇（ゼロ）」安倍首相「恥ずかしすぎる」米留学成績

〈『週刊現代』一〇月一四日号〉
大特集　〝下流イジメ内閣〟の正体
安倍晋三＆（ゴッドマザー）洋子の〝14億円〟蓄財術
公開している資産は1億4826万円。しかし、組閣を構想した河口湖の別荘の土地

も自宅の豪邸マンションも本人の名義ではない。
中川秀直幹事長 「キス&ベッドイン写真」
久間章生防衛庁長官 「暴力団組長と長官室で撮った写真」
高市早苗沖縄北方・少子化担当相 怪文書も出た「政界オトコ遍歴」
松岡利勝農水相 偽装牛肉事件で暗躍の「大罪」
柳沢伯夫厚労相 大物総会屋との「交遊写真」
(などなどスキャンダルの芽がプップツって記事が盛りだくさん)

〈『週刊ポスト』一〇月一三日号〉
安倍新政権は「2人の中川」で自爆する!
「愛人テープ」「酒びたり」「灰色献金」「料亭ハレンチ遊び」ほか まるで同好会のような「お手々つないで内閣」が抱え込んだ爆弾の導火線にはもう火がついている
アッキー(昭恵)夫人 新ファーストレディを待ち受ける「代議士妻たち」の嫉妬
高市早苗 「森ヨイショ」で手にした濡れ濡れ大臣の座
高級料亭明細書 一軒で84万円も!安倍首相は一日九軒も「ハシゴ」していた
(などなど、こちらもキナ臭い記事が満載のようす)

まあ、「オヤジ週刊誌のトバシ記事でしょ」と、眉につばの人もいるはず。

しかし、比較的お行儀がいいとされる新聞社系の週刊誌群もかなり鋭く突っ込んでいるのである。

〈『サンデー毎日』一〇月一五日号〉
総力ワイド「アベハウス」の時限爆弾
(安倍の隠し玉)大田弘子経済財政担当相の経済政策は信用できるのか!
参院選勝利の〝最大サプライズ〟は靖国神社国営化
安倍が気にくわない「参院候補者」島津派3人衆の素顔
3割給与カットでも安倍家の資産は13億円以上!
「NSC」補佐官小池百合子は「早くもライス気取り」

〈『週刊朝日』一〇月一三日号〉

(ここだけは、「畠山鈴香被告の母の独占インタビュー」というスクープが巻頭を飾っていて、トップ記事ではないが、もちろん、安倍関連記事もしっかりと載っている)

安倍晋三と新興宗教　炎の行者、慧光塾、北の大地の観音像――

外交や政策も「教祖」に相談。岸信介の代から続く宗教好きの系譜

安倍家三代　家政婦は見た　第二弾

さらに、こんなのもあった。

〈『AERA』一〇月九日号〉

ありえね～新内閣
安倍女たちの履歴書
反ジェンダー山谷えり子が編集長時代に書いた子育て記事
小池百合子、お手製チョコの人脈力
大汗の高市早苗にメタボリック疑惑
大田弘子推した意外なオジたち
妻昭恵が操る日韓修復
小泉の亡霊が一〇カ月で政権つぶす
落ちてホッとされた官邸公募
成蹊大の思わぬ同窓生

まあ、各誌切り口はさまざまだが、総じてかなり辛口と言っていいだろう。

とくに危ないスキャンダル話には、各誌とも相当数の人員を投入して事実関係の取材に入っているというから、いずれ近いうちにゾロゾロとヤバネタが噴出してくるに違いない。いまごろ「ああ、大臣になんかなるんじゃなかった。旧悪がバレちまったら、大臣の座どころか、手が後ろに回りかねないよぉ」なんて、頭を抱えているナントカ大臣もいらっしゃるのではないか。

それもこれも、大臣になりたいばっかりに無理に無理を重ねた報いということでしかないのだが。

それにしても、あまり深く考えずに、お友だちを優遇し、派閥の顔を立て、総裁選で手伝ってくれた連中には地位をばら撒き、参議院自民党には気を使い、日本版ネオコンと呼ばれる人たちをブレーンに据えて組閣をした結果、こんなにも早くスキャンダルの芽や政策批判が飛び出してくるとは、安倍さん、思いもしなかったのだろう。

颯爽《さっそう》と、憲法改正を謳い、教育改革の旗を挙げ、強い外交でアジアにおけるリーダーシップを握る。

そんな目論見が、どうやら外れそうな気配だ。

（〇六年一〇月四日）

新聞の号外は出る。テレビは特別番組を組み、ニュースは時間延長。ネット世界でもこの話で大騒ぎ。

なんとも憂鬱な話だ。そして、なんとも理解不能の国だ。いや、国というより独裁者個人の資質というべきか。実際、どう考えても自分の首に縄をかけてしまったようにしか見えないのだが、この男にどんな成算があるのだろうか。

とても憂鬱なのだが、今回はこのことに触れるしかない。

言葉を失う――北朝鮮の核実験

今回(注・二〇〇六年一〇月九日)の北朝鮮による核実験が成功したのか否かは、現時点ではまだ確定されていない。北朝鮮のラジオ・テレビは例によって「大成功っ!」を喚きたてているが、真偽のほどはまだわからない(それにしても、あのアナウンサーの絶叫調、すべてが胡散臭く思えて逆効果だと思うのだが)。

なにしろ、核爆発にしては測定された地震の規模が小さすぎる。軍事筋の初期の分析では「予定していた爆発規模には達せず、実験としては失敗だったのではないか」との評価も出ている。

韓国の測定ではマグニチュード三・五、日本では四・九、アメリカでは四・二と、数値はバラバラだ。一部の謀略論好きの人たちの間では、「北朝鮮の核爆発までの技術は未完成なので、国際政治での駆け引きに使うために、TNT火薬五〇〇～六〇〇トンを集積したものを爆発させて、核実験成功を装ったのではないか」などというトンデモ説さえ飛び交っている。

こんなあやふやな状態のなかで、金正日総書記が何を目指して核実験に踏み込んだのかは定かではないが、実はそうとう追い込まれているのは事実のようだ。

アメリカの金融制裁に続いて、今年(〇六年)七月の大洪水被害が、凄まじい飢餓をこの国にもたらしているという。そのため、軍隊にさえ食料が回らず、軍部の不満がかなり抜き差しならぬところまできていると言われる。

そこで、軍部と金正日総書記との間に軋轢《あつれき》が生じ、今回の核実験が軍部主導で行われ、金総書記の意思が無視されたのではないか、との観測もある。それとは逆に、金総書記が軍部の躊躇《ちゅうちょ》を押し切って強行したという説も流れている。もはやこの国は、何が起こってもおかしくないような状況に陥っているようだ。

いずれにせよ、北朝鮮という国家の内部で、二重権力に近い状況が生まれつつあるという観測には信憑性がある。ここで、アメリカも含め日本など周辺各国の役割が重要になる。

もっとも大事なことは、とにかくこの国へ情報を伝えることである。鎖国に近い状態にある北朝鮮だが、脱北者がこれほど増えているということは、ある程度、情報が国民に伝わっていることの証左でもある。むろん、政治レベルではさまざまな駆け引きや、脅し、制裁、国際的包囲網の構築なども必要であろうとは思うが、それと並行してこの国の国民へ正しい情報を送り込むことが、何よりも必要なのではないだろうか。情報によって国民の目を開かせること、それは迂遠《うえん》な策に思えるかもしれないが、軍事的政策で多くの人命を失うよりは、時間はかかっても賢明な策であるはずだ。

冷戦が終わってからも、私たちはあまりに多くの血が流れるのを見た。冷戦が終わって大地の血が乾くだろうとの期待は、何度も繰り返し裏切られた。どうあっても、軍事制裁に頼ることだけは避けなければならない。先制攻撃などしようものなら、北朝鮮が脅しの常套句《じょうとうく》として使っている「ソウルを火の海にする」という言葉が現実になりかねない。そんな地獄絵図を現出させてはならない。

それにしても、金正日という人物は、安倍晋三後援会会長ではないか。そんな邪推もしたくなる。

むろん、そんなことはありえないが、金総書記がやったことは結果として、安倍首相誕生の後押しにほかならない。安倍氏がわずか一三年間の代議士経験で首相の座を射止めることができたのは、やはり「拉致問題」の影響が大きい。この問題を自らの政治姿勢の最重要課題として打ち出したことが、安倍氏台頭のきっかけとなったのだ。

拉致問題に対する日本国民の怒りに乗じ、その怒りが生み出したナショナリズムを徹底的に利用することによって勝ち取ったのが、総理の椅子だった。つまり、金総書記が行った政策が、安倍氏の人気を煽ったことになる。

そして、今回の核実験である。

安倍氏にとって、今回の訪中、訪韓はかなりのリスクを背負ったものだったはずである。いかに事務方が根回しをした後だとはいえ、中国も韓国も自国民向けには靖国問題に触れざるを得なかったはずだ。

ただ、経済的思惑からなんとか日中間の行き詰まりを打開したい中国は、安倍首相の「靖国参拝をしたかどうかも明らかにしない」という、どう考えてもおかしな言い逃れを、今回だけは不問に付そうとしていたようだ。

一方、韓国には、そうはできない事情があった。支持率がジリ貧傾向にある盧武鉉《ノムヒョン》大統領は、この靖国問題で自国民に強くアピールし、支持率回復につなげたいと考えていた。ところが、安倍首相にはまさに天恵、北朝鮮の究極の瀬戸際政策・核実験。盧大統領も、首脳会談の冒頭では靖国・歴史認識問題に触れたものの、時間の大半は核問題に割かざるを得なかった。靖国問題は、韓国でもあいまいなままで終わった。

安倍首相にとっては「金の援け」になったのだった。

これで安倍首相は、難局をとりあえず乗り切ったと思っているかもしれない。だが、ほんとうはこれからが正念場だ。

日本国内では、北朝鮮制裁の大合唱が起きている。安倍氏のブレーンを含む一部の人たちからは、日本核武装論まで飛び出し始めているのだ。まさに危うい状況である。

アメリカの『ニューヨーク・タイムズ』『ワシントン・ポスト』などの有力メディアでは、「北朝鮮の核実験が日本国内の右派勢力を刺激し、核武装論者を勢いづかせかねない」との論調が、すでに現れている。そして「日本だけではなく、韓国や台湾でもその恐れはあり、核拡散状況は最悪のシナリオとなりかねない」とも指摘されている。しかも、その懸念はメディアだけではなく、アメリカ議会の国際情勢に関する報告書でも示されているのである。

こんな懸念は、日本人なら一笑に付すだろう。世界でただ一つの被爆国である日本が、核武装なんかするわけはないというわけだ。

しかし忘れてはいけない。数年前、安倍晋三その人が、早稲田大学での講演で「小規模の核兵器を持つことは、憲法上でも禁止されているわけではない」とはっきりと語っているのだ。

忘れてはならない。現在ただいまの私たちの国の総理大臣が、自国の核武装についてかなり危ない発言をしていたという事実を。


（〇六年一〇月一一日）

日本が危ない。そう思いませんか？

北朝鮮の核実験で日本の安全が脅かされているのは事実だ。しかし、その脅威に対する私たちの国の反応が、なんだかもっと危うく感じられて仕方ない。

明日にでも日本に核弾頭を積んだ北朝鮮のミサイルが撃ち込まれそうな報道ぶり。それが東京や大阪に命中すれば、百数十万人の死者が出るだろう、などと煽情的に叫ぶ新聞、雑誌、そしてテレビ。

なぜこんな状態になったのか。この危機を脱するにはどうすればいいのか。このままアメリカとともに強硬策に出るのが正しい選択なのか。北朝鮮がいま、私たちの国を攻撃する理由とは何か。どんな目的がそこに存在するというのか。

そんな当たり前のことを問う冷静な報道には、まったくと言っていいほどお目にかかれない。

一方的な報道で国が一色に染め上げられたときの危険性を、私たちもメディアも戦後六〇年ですっかり忘れてしまったのか。アメリカにおいてさえ、ようやくこれまでの北朝鮮政策の誤りを指摘する報道がかなり出てきているというのに、私たちの国は過激な煽情報道の一色刷り。ほかの色がまるで見えない。

「冷静になれ」と言っただけの人に、「お前は北朝鮮の味方か、そんなヤツは北朝鮮へ帰れ！」などと薄汚い罵声が飛んでくる。なんの責任も罪もない在日韓国・朝鮮人の子どもたちを、暴行や暴言の嵐が襲う。それがナショナリズムというのなら、あまりに情けない。

当然のように、その報道ぶりや感情の高まりに便乗する政治家が出てくる。そのときに発する便乗政治家の言葉が、これだ。

周辺事態法と核武装論

「周辺事態法」、正式には「周辺事態に際して我が国の平和及び安全を確保するための措置に関する法律」という法律の第一条は、「目的」として次のように定めている。

（目的）
第一条

この法律は、そのまま放置すれば我が国に対する直接の武力攻撃に至るおそれのある事態等我が国周辺の地域における我が国の平和及び安全に重要な影響を与える事態（以下「周辺事態」という。）に対応して我が国が実施する措置、その実施の手続そのほかの必要な事項を定め、日本国とアメリカ合衆国との間の相互協力及び安全保障条約（以下「日米安保条約」という。）の効果的な運用に寄与し、我が国の平和及び安全の確保に資することを目的とする。

まあ、例によって長ったらしくわかりにくい条文だが、要するに、日本が他国からの攻撃の危機にさらされたとき、アメリカと協力して日本を守る、と言っているわけだ。

しかし、この法律が制定されたときにも問題になったのだが、「どんな時、どんな状況をもって周辺事態と定義するのか」というもっとも基本的なことが何も決められていないのは、読んでおわかりの通りだ。第一条からして、どうとでも解釈できる、あいまいな条文である。

当然、この法律の制定時、与野党が激しく対立して国会でも論戦になったのだが、こんな危険な法律の場合はいつでもそうだったように、とにかく多数の力で与党が押し切り、「あとはそんな事態が起きたときに、改めてじっくり論議すればいい」などという無責任な論法で逃げたのだ。無責任のツケは、いつでも重い。

自民党の強硬派は今回の北朝鮮の核実験に(腹の中では大喜びかもしれないが)、早速、「周辺事態法の適用を考えるべきだ」と大声で叫び始めた。せっかくもらったけどまだ使ったことのないオモチャを、やっと使えるんだ！とはしゃいでいるようだ。

だが、よく考えてほしい。この危険極まりない法律でさえキチンと規定できていない「事態」に、いまの私たちの国は、ほんとうに追い込まれているのか。

むろん、北朝鮮の核実験というとんでもない暴挙を許すわけにはいかない。「先軍政治」など国民を省みない政治を行う金正日総書記には、早々に退場してほしいと思う。

だからといって、北朝鮮がいま、なぜ日本を攻撃(それも核攻撃)しなければならないのか。そんな差し迫った脅威を、日本が北朝鮮に与えているというのか。日本からの脅威がないにもかかわらず、北朝鮮が一方的に日本を攻撃するという根拠はどこにあるのか。

納得できる回答を、聞いたことがない。

あの国は何をするかわからない「狂気の国」だから、などというのは答えになっていない。それでは、酒場での酔っ払いオヤジたちの議論の域を出ていない。決して国を預かる政治家たちが口にしていい言葉ではない。ところが、いまの自民党若手強硬派から漏れてくる議論は、まさにそのレベル。

その程度の政治家であるなら、「ではなぜ、インドやパキスタンの核実験の際には今回のような強硬な制裁を行わず、我が国の実験にのみ、かくも激しい制裁を科すのか？」という北朝鮮の反発に、きちんと答えることもできまい。「周辺事態」を定義できず、北朝鮮がなぜこんな暴挙に出たかも解明せず、北朝鮮からの「ダブル・スタンダード（二重基準）批判」にまともに答えることもできないで、ひたすら強硬論を叫ぶばかり。

ここでもう一度、周辺事態法発動を叫ぶ方々に尋ねておきたい。

「周辺事態」とは具体的にどんな状態を指すのですか？

そして、いまがその状態にあるのですか？

北朝鮮は、どんな理由で日本を攻撃するのですか？

そんな政治家たちが目立つなか、やはりこの人が躍り出てきた。

中川昭一自民党政調会長である。安倍首相の盟友であり、二人してＮＨＫの番組に圧力をかけたことでも有名な仲良し小鳩組（？）。

その右寄りぶりとお酒好きは党内でも際立っている方だが、ついに「日本も核保有の議論は必要である」と、吠えたのだ。

「日本も核保有について考えるべき」というのは、中川氏のかねてからの持論だ。しかし、同様の持論をいままで振りかざしていた仲良しの安倍首相が、さすがに「首相の立場ではヤバイ」と思ったのだろう、「かねてからの政府の立場を踏襲し、非核三原則は堅持する」と、あっさりと（小さな核を持つのは憲法上も許されるというこれまでの）持論を訂正してしまった。

安倍首相の変節で、持論を主張しづらい立場になっていた中川政調会長だが、さすがに機を見るに敏なのが持ち味。いまなら北朝鮮憎しでナショナリズム昂揚中、何をいっても許されると思ったのか、こんな発言をした。

「核を持っていれば、攻められる可能性が低くなる、という論理はあるのだから、核保有についての議論はあっていい」(二〇〇六年一〇月一五日)

持って回った言い方だが、要するに核武装していれば攻められない。だから核を持とうよ、ということでしかない。

日本が痛苦な記憶とともにとうの昔に捨て去ったはずの「核抑止力論」が、埃を振り払ってまたぞろその醜い顔を覗かせたのだ。

かつて有力政治家からもしこんな議論が出てきたなら、その政治家は地位はおろか政治生命すら失くしかねなかったほどの「暴言・妄言」なのだが、いまやこれが新聞やテレビのトップニュースにはならないという状況になってしまった。

日本の悲願である「核不拡散」「核廃絶」の祈りにも似た政策を、こんなにも簡単に投げ捨てようとする政治家を、私たちは許しておいていいものだろうか。

少なくとも、「日本核武装論」につながるこの発言だけは、絶対に認めるわけにはいかない。

(〇六年一〇月一八日)

衆議院補欠選挙での二勝にすっかり気を良くした自民党。当然、意気が上がっている。

（注・二〇〇六年一〇月二二日投票、神奈川一六区で亀井善太郎氏、大阪九区で原田憲治氏、ともに自民党が勝利）

とくに、中川昭一自民党政調会長のはしゃぎぶりは尋常ではない。「核武装についての論議をすることは必要だ」と発言して物議をかもしたのだが、反省の色などかけらもない。

「論議することがなぜ悪いのか。それを否定するのは思想の自由を侵害するものではないか」などと、思想の自由の侵害をNHK問題であれほどあからさまに行った当の本人が言うのだから、ものは言いようだ。

その中川政調会長の援護射撃を買って出たのが、なんと外交に責任を持たねばならないはずの麻生太郎外務大臣。

まあ、口の悪さでは有名なお二人だから、さもありなんとは思うのだけれど、かたや政権与党の政策責任者、もうお一人が政府の外交責任者なのだから、事は簡単にはすまされない。

そんな二人を、叱責もせずに放置している安倍首相。やはりこの人も、本音は「核武装論議必要論者」なのだろう。

危ない！

「非核三原則」なんか、いらない？

「非核三原則」とは、次の三カ条をいう。

「核を、持たず、作らず、持ち込ませず」

これは、世界唯一の被爆国である私たちの国の、絶対に譲れぬ悲願としての国是、政策であった。したがって、「憲法改正」を党是とする自民党でさえ、この三原則を否定するようなことは、これまでには一度もなかったのである。

もっとも、このなかの「持ち込ませず」については、政府・自民党はこれまでずっと誤魔化し答弁に終始してきた。なぜなら、日本の米軍基地（とくに沖縄米軍基地）では核の存在疑惑が常に指摘されてきたのだが、政府は一貫して「アメリカがあるとは言っていないのだから、ない」と否定し続けてきたという経緯があるからだ。

（注・「アメリカがあると言うのだから、ある」と言って、イラクにおける大量破壊兵器の存在を検証もなしに認め、アメリカの言いなりになって、自衛隊の海外派兵に踏み切った際の小泉前首相のロジックも、まさにこれだった）

それでも、日本自体が核を持つということについては、さすがの自民党政府も一度として公式に言及したことはなかったのだ。

だが今回、外務大臣という内閣のもっとも主要な外交閣僚が「核武装」についての発言を繰り返している。

妙なことに、その際の発言には、必ず前提として「私は、決して核武装論者ではないが」とか「私は、非核三原則は守るべきだと思っているが」などというエクスキューズ（言い訳）がくっついている。これは、麻生大臣も中川会長も同じだ。

（注・かつて、同様の発言をした自民党の方々も、ほとんど同じ前置きつきだった。はっきりと「核武装すべき」と言い切ったのは、あの民主党除名の西村眞悟議員ぐらいのものか）

なんだか背筋がむず痒い。

理屈に筋が通らないから、気持ち悪いのだ。


「核武装は認めず、非核三原則を守り抜く」というのであれば、いったいどんな「核武装についての議論」が必要になるというのか。

「どうすればアジア非核地帯を構築できるのか」とか「北朝鮮の核を、どうすれば放棄させられるのか」などという議論ならばわかる。いまや、そういう議論がほんとうに必要な時期にきているのだ。

さらに議論を進めて「世界の核拡散をどう防ぐのか」「核廃絶に日本はどのような役割をはたすべきか」という方向へいくべきだろう。

しかし、麻生大臣や中川会長の議論は「世界の核軍縮」や「核拡散の防止」「アジア非核地帯」などへの提言とはほど遠い。むしろ、逆転している。

「日本が核武装することがいいのか悪いのかを議論しよう」というのだ。

つまり、核武装を戦略のなかの一つとして認めることから話を始めよう、ということだ。国是(すなわち、国の譲れぬ指針)として「非核三原則」を堅持しているのなら、その国是を世界に広め、実現していくにはどうすればいいのか、これが議論の前提になるはずではないか。ところがこのご両人、口先ではその国是を言いながら、中身はまるで反対のことを議論しようと言うのだ。自らが認めてもいない思想の自由を旗印に掲げて。こんな本末転倒の論理もあるまい。

繰り返して言おう。

非核三原則を守るのであれば、「いかに非核の考えを実現させるか」を議論すべきであって、「日本の核武装の是非」など議論の対象にならないのだ。

もし、麻生・中川ご両人が「日本も核武装すべきだ」という意見を自ら鮮明にしたうえで「だから核武装是非論を闘わせよう」と提言するなら、それは論理としては成立する。

だが、自らは「核武装論者ではない」「非核三原則は守るという立場だ」などと言い訳しながら、それでもなお「核武装の是非を議論しよう」と言うのは論理矛盾としか言いようがない。

このお二人、普段の言動からして、「核武装論者」なのではないだろうか。だとすれば、それを隠して議論を提唱するのは、政治家としてとても汚いやり方だと思う。

核武装論を正面切って言い出せば閣僚の地位にはいられない。いかに自民党であったとしても、さすがに政調会長という要職には踏みとどまれない。それを計算しての発言だとすれば、根性が泣く。

こんな人たちの危ない発言を、安倍首相はなぜ叱責できないのか。

それはすなわち、安倍首相自身も彼らと同じ考え方だからだろう。

当コラムの「訂正首相」の命名通り、「小型核保有は憲法違反にはならない」とかつて述べたことを、「非核三原則は堅持する」という答弁で逃げ切ったとはいえ、正確に否定はしていないことが、安倍首相の本心を示している。

それにしてもこの中川昭一自民党政調会長、物凄い失言(本人はそう思っていないようだが、そこがまたコワイ)を繰り返す。

「金正日は旨いものばかり食って、糖尿病だから何をしでかすかわからない」と放言。糖尿病患者がその病気ゆえにとんでもないことをしでかすなどということは、聞いたこともない珍説だ。誰か、この珍説を裏付ける資料を持った人はいるのだろうか。

糖尿病患者にあやまんなさい！

こんなデタラメ発言が問題視されないのであれば、何を言っても許されると勘違いしても仕方ない。でもねえ、大の酒好きとしてとっても有名な中川会長さん、あなたが「中川は酒ばっかり飲んでいて、酔っ払いだから何をしでかすかわからない」などとからかわれたら、どうするんですか?

また、こんな発言もあった。

「デモなんかで騒音を撒き散らすような教員は免許剥奪だ」

組合活動なんか、ぜーったいにダメッ。デモをする奴らには権利なんか必要なーい。免許剥奪だあーっ!

もうほとんど「駄々っ子だーちゃん」じゃありませんか。

憲法に保障されている労働者の権利などと言っても、この人には理解不能なのだろう。もはや、政治家としての適格性を疑わざるを得ないのだが、それでも安倍首相は、お友達だからといって、この人を庇《かば》い続けるのだろうか。

そんなに遅くない時期、これら政党幹部や閣僚の失言・妄言で、この内閣がガタガタになるのが目に見えるようだ。

(〇六年一〇月二五日)

この国は壊れかけている。なぜか？

国家において責任ある立場の人たちが、まるで真実を語らなくなったのだ。

いや、真実を語らぬだけならば、まだいい。この人たちがしきりに「うそ」を吐く。それも、すぐにバレるような「うそ」を吐いて、まるで恥じない。

責任者たちが人を騙し続けているような国家が、壊れていかないわけがない。根元から腐り、やがて本体がガラガラと音をたてて崩れていく。そんな悪夢が現実になろうとしている。

政治家も教育者も官僚も、平気で「うそ」を吐き続ける。

福島・和歌山・岐阜などの知事という地方の権力者たちも、みな「うそ」にまみれて辞めていく。だから私たちは、「うそ」を暴き、批判し続けていかなくてはならない。

このコラムは「そんなに人の悪いところばかり暴き立てて、いったい何が面白いの？」などという批判も受けたけれど、黙り込んだら負けてしまう。黙っていることは自分たちの国の崩壊に手を貸しているようなものだ。

そうは思いませんか？

美しい嘘

①青森県のタウンミーティングにおける、やらせ疑惑の「うそ」

この報道には呆れ返った。でも、呆れ返りながら、「そういうことがあってもおかしくはないよな」と納得してしまう自分にも呆れる。もうそんなことが当たり前に行われているとしか思えないこの国の状況が悲しい。

文部科学省の「教育基本法改定」に関するタウンミーティングで、出席の発言者に最初から「教育基本法改定」に賛成するような発言内容を頼み込んでいた。しかも、ご丁寧に「セリフの棒読みにならないように」との注意書きまであった。

ほんとうに呆れる。「意見」ではなく「セリフ」なのだ。つまり、このタウンミーティングとやらを主催した政府・官僚たちは、最初から意見など求めてはおらず、教え込んだセリフで形さえ整えればいい、と考えていたということになる。

税金を使っての茶番劇。

タウンミーティングなるものが、あたかも国民の声を広く聞くためのものという体裁をとりながら、その実、国民を自らの都合のいいほうへ誘導するための姑息な手段でしかないことが、これではっきりしたわけだ。

そして、ここでも腹立たしいのは、このイベントの責任者である文部科学省の官僚が「国民の皆様の活発な意見表明の援けになるように、多少のサジェスチョンをしただけ」と開き直ったことだ。

「活発な意見表明をさせないため」の言い間違いではないか。

これが「うそ」でなくて、なんだろう。

しかも、この「やらせ」には、さらに「うそ」があった。当初、文部科学省は「当方が依頼した方は、駐車場がいっぱいで入場できず、結局発言はしていなかった」と言っていたのだが、これも真っ赤な「うそ」。はっきりと挙手をして発言していたことがバレてしまった。

恥の上塗り。

都合の悪いことは、どこまでも「うそ」で逃げようとする。これが「日本の教育を司る文部科学省の実態」だ。教育が荒廃しないわけがない。荒廃の原因を彼らはすぐに日教組のせいにするけれど、他人のせいにするんじゃない、と言いたくもなる。

初めから「やらせ」を仕掛けておいて、バレると「うそ」で誤魔化す。

「やらせ疑惑」と報道されているが、疑惑などではない。やらせそのものだ。こんな「うそ」を仕掛けて恥じない。それが「教育基本法改定」を叫ぶ政治家たちと高級官僚たちなのだ。

そんな連中に教育基本法をいじくらせても、ろくなことはない。そんなことよりもまずやらなければならないのは、「政治家倫理法」や「官僚道徳法」の制定ではないか。

②世界史履修漏れの言い訳の「うそ」

まあ、続々出てくるわ出てくるわ。例の「高校必修科目履修漏れ」事件。とにかく、受験のためならばというご老公の印籠なみのご威光で、やらねばソンソン。その言い訳が凄い。

むろん、教育委員会は「知らなかった」という「うそ」のオンパレード。しかし、そのなかでも笑ってしまったのが、ある名門高校の校長サンの素晴らしい言い訳。

「オーストラリアに修学旅行へ行った際、国際的な知見を身につけることができたので、それで世界史履修の代わりになると考えた」

これ、どう考えても「うそ」です。

海外への修学旅行で世界史が履修されるのならば、地理も地学も美術だって、さらには英語(外国語)だって、単位取得ということになるはず。そんなことは、この校長サンだってわかっていたはず。しかし、それでも「うそ」で切り抜けようとする。

いまさら、教育者がそんなことでいいのか、なんて言うのも虚しすぎるけれど、校長が「うそ」をつくのに、生徒にだけ正しさを押し付けることなどできはしまい。どうするのだ、文部科学省よ。

③いじめ自殺事件に見える「うそ」

さらに悲惨なのが、いじめ自殺についての「うそ」だ。もうここに出てくる「うそ」は、救いようがない。

校長らが自殺した(自殺に追い込まれた)児童・生徒の家を訪れ「自殺の原因(の一部)にいじめがあったことを認め、謝罪します」と頭を下げる。ところが、次回に校長と教育委員会の人間が訪れると、なぜか今度は「いじめが原因だとは(いまの段階では)認められない。もっとよく調査してから、再度ご報告にうかがいたい」などと態度を豹変させる。

そして、報道が過熱し、校長らの態度への批判が高まると、今度は「やはり、いじめが原因でした」と不承不承認める、という経緯をたどるのが、どうも一般的なのだ。

すなわち、二度目の言い訳が「うそ」だったことになる。

なぜこうも、校長や担任は「うそ」を繰り返すのか。答えは、はっきりしている。

文部科学省→教育委員会→校長→担任、と続くヒエラルキーのもっとも劣悪なケースが、ここに露呈しているからにほかならない。

文部科学省は責任を取りたくないから「いじめ自殺など、ない」との態度を崩さない。教育委員会は文科省の顔色をうかがうばかりのヒラメ族だから、校長がいじめ自殺を認めてしまうと、文科省に対して申し訳が立たない(注・教育委員のほとんどは単なる名誉職で、とても文科省になど逆らえない構造になっている)。

そこで、「あれはいじめが原因ではなかったはず」と、校長ら学校現場に圧力を加える。校長は自らの保身のために教育委員会の言いなりになり、校長の権限を恐れる現場の教師たちは、知っていても口を噤《つぐ》む。

この構造が「うそ」を生んでいるのだ。

何度でも繰り返すけれど、なんの問題もない現行の教育基本法をいじくるよりも、現場で起きているこの荒廃をまず糾《ただ》すのが先決ではないか。

厳しく言えば、これらの荒廃を招いている政治家たちの一掃こそが急務なのだと思えるほどだ。

④核保有論にまつわる「うそ」

もちろん、「うそ」は教育現場にのみはびこっているわけではない。

もっとも観察しやすいのは、やはり永田町だろう。

中川昭一自民党政調会長の「核保有」についての発言が止まらない。さらに、それを後押しする援軍が、麻生太郎外務大臣だ。ここには、重大な、見過ごすことのできない「うそ」があると言わなければならない。どういうことか。

二週前のこのコラムでも指摘した。

中川氏は「私は非核三原則論を支持している。しかし、核を持つべきか否かは別問題。自由に議論すべきだ」。そして「北朝鮮が核保有を宣言した以上、日本も必要かどうかは、常に議論しておく必要がある」といった発言を繰り返している。

だが、ここには重大な誤魔化し、厳しく言えば「うそ」がある。

「非核三原則を支持」しているならば、「この原則を守って、核廃絶のためにわれわれが何をなすべきか」を議論するべきであって、「核保有の是非」を議論するというのは前提が間違っている。

さらに「北朝鮮が核保有宣言したから、我が国も必要かどうかを議論する」というのは、政治家として幼稚というしかない。こんな発言が、どのような国際的反発を呼び起こすか、少しでも外交センスのある政治家ならばわかりそうなものだ。それとも、北朝鮮並みに「国際的孤立も辞さず」ということなのか。

北朝鮮が核を保有したのならば、どうやってそれを放棄させるかを議論するのが政治家として当たり前の反応だろう。厳しく言えば「うそ」がある、と前述したのはここである。

中川氏も麻生氏も、ひいては安倍首相すら、本音を隠しているのだ。もし、本気で非核三原則を守り、永久に日本は核保有をしないと世界に向けて「非核平和国家」をアピールしたいのであれば、なにもこんなキナ臭い時期にわざわざ世界の眉をひそめさせるような「核保有是非論」などを持ち出すことはあるまい。

「私は核保有論者だ。非核三原則も間違いだと思っている。だから議論しよう」というのなら、筋は通っているだろう。ところが、「私は核保有論者ではない。しかし、核保有について議論しよう」と、誰も「核保有しよう」などと発言していないところで吠える。どう考えてもおかしい。

いったい誰と、どんな議論をしようというのか。議論する相手などいないではないか。相手もいないのに、「核保有についての議論を」と言い続けるということは、やはりこの二人は「核保有論者」であるとしか思えない。

「非核三原則支持」というのは、やはり「うそ」なのだろう。

⑤そして、安倍首相もまた「うそ」を

これらの危険な発言を、安倍首相は叱責すらしない。野放し状態だ。

彼もまた「非核三原則支持」だと言う。ならば、なぜこんな発言を許したままにしておくのか。疑問だ。

安倍首相がかつて「小さな核ならば、それを保有することは憲法違反ではない」と発言したことは、有名な事実。

「現在もその考え方は変わっておらず、自分が首相という立場ではそうは言えないから、盟友の中川氏に言わせて、支持基盤である右派陣営のガス抜きを図っている」というのが、永田町ではかなり有力な説だ。

とすれば、ここにも前述したことと同じ構造の「うそ」が隠れていることになる。前言を翻《ひるがえ》し続けている人だからそんなこともあるだろう、と妙に納得してしまうのがコワイ。

先日、取材を兼ねて、ある政治家のパーティーに出席した。その場で挨拶に立った亀井静香氏が、「安倍さんはうそつきだ」と聴衆の前で明言し、笑い声が起きていた。

あの亀井氏にすら「うそつき」呼ばわりされる人が、私たちの国の首相である。

吉田拓郎に『永遠の嘘』という曲がある。「永遠の嘘をついてくれ」というフレーズが印象的な歌だ。

願わくば、中川氏も麻生氏も、そして安倍首相も「永遠に嘘をつき」続けてほしい。「非核三原則は守り続けます」という美しい「うそ」を。

永遠につき続けた「うそ」ならば、それは真実になるだろうから。


（〇六年一一月八日）

教育基本法の改定がもはや時間の問題だとされている。こんな大事なことが、拙速で行われていいのだろうか。

現行の教育基本法のいったいどこに、そんなに急いで改定しなければならないようなキズがあるのか。

世の中が、どんどん傾いていく。

子どもは大人たちのおもちゃじゃない

そんななかで、いじめを原因とした自殺が止まらない。まるで連鎖反応のように、それは全国各地に広がりつつある。

さらに、いじめの存在を隠していたなどとして批判を浴びていた校長や、例の履修科目問題を苦にした校長などが、相次いで自殺した。

子どもに「命の重さ」を教えるべき立場の人たちが、まるでその言葉を裏切るように自らの命を絶ってしまう。子どもたちは、命の重さを理解できないままに成長していかざるを得ない。それが、今度は幼児虐待などへつながっていく。命の重さを体得できずに育った子どもは、大人になっても命を軽く扱うようになってしまうのだ。

どこかで歯止めをかけなければいけない。

すぐにでもできる対策は、たくさんあるはずだ。私なりに考えた対策を、以下に列挙してみる。

①キッズ・テレフォンの開設

とにかく一刻も早く、二四時間対応の電話窓口を開設するべきだ。それも、各都道府県、各都市、各地方にそれなりの人数と人材を投入して、ひたすら子どもたちの悩みに対応していかなければならない。

現在も「いのちの電話」などの活動はあるが、いかんせん、あまりに人数も資金も貧弱だ。ここにできるだけ潤沢《じゅんたく》に予算を投入して、ただただ子どもたちの悩みに付き合う。聞くだけでいいのだ。大人は、ただ相槌《あいづち》を打ちながら聞くだけでいい。話すことで救われるということは、私たち大人でさえも幾度となく体験してきたことではないか。

話すこと、聞くことの大事さを、大人はもう忘れかけている。しかし、子どもたちは、話を真剣に聞いてくれる大人が確かに存在するというそれだけで、かなり救われるのだ。

各地で数百人〜数千人規模のラインを設置して、二四時間対応できるような組織にすれば、それだけで何人かの子どもの命が救えるかしれない。つまらぬことに予算をつけている場合ではない。少子高齢化に拍車をかけるような自殺を防ぐには、どれほどのお金を注ぎこんだとしても、惜しくはないはずだ。

郵便はがき

料金受取人払

落合局承認

66

差出有効期間
2009年2月20日
まで

郵便切手は
いりません

161-8790

（受取人）
東京都新宿区下落合
一―五―一〇―一〇〇二

コモンズ

行

お名前　　　　　　　　　　　　　　　男・女　（　歳）

ご住所

ご職業または学校名　　　　　　　　　ご注文の方は電話番号
☎

本書をどのような方法でお知りになりましたか。

1. 新聞·雑誌広告（新聞·雑誌名　　　　　　　　）
2. 書評（掲載紙・誌名　　　　　　　　）
3. 書店の店頭（書店名　　　　　　　　）
4. 人の紹介　　　5. その他（　　　　　　　　）

ご購読新聞・雑誌名

裏面のご注文欄でコモンズ刊行物のお申込みができます。書店にお渡しいただくか、そのままご投函ください。送料は300円、6冊以上の場合は小社が負担いたします。代金は郵便振替でお願いします。

※上記の情報を第三者に開示することはありません。

読者伝言板

今回のご購入
書籍名

ご購読ありがとうございました。本書の内容についてのご意見、今後、取り上げてもらいたいテーマや著者について、お書きください。

<ご注文欄>定価は本体価格です。

地球買いモノ白書	どこからどこへ研究会	*1300* 円	冊
安ければ、それでいいのか!?	山下惣一編著	*1500* 円	冊
生きる力を育てる修学旅行	野中春樹	*1900* 円	冊
コドモの居場所	今野稔久	*1400* 円	冊
子どもとゆく	山田太一・斎藤次郎ほか	*1700* 円	冊
危ない電磁波から身を守る本	植田武智	*1400* 円	冊
危ない健康食品から身を守る本	植田武智	*1400* 円	冊
そのおもちゃ安全ですか	深沢三穂子	*1400* 円	冊
郷土の恵みの和のおやつ	河津由美子	*1400* 円	冊
教育農場の四季	澤登早苗	*1600* 円	冊
食べものと農業はおカネだけでは測れない	中島紀一	*1700* 円	冊
わたしと地球がつながる食農共育	近藤惠津子	*1400* 円	冊
いのちと農の論理	中島紀一編著	*1500* 円	冊

「教育基本法改定」などに血道を上げているときではない。事は急を要する。子どもの命も救えずに、国会が教育基本法の採決だ、阻止だと騒いでいるのを見ると、本気で腹が立つ。一つでもいい。何か子どもの自殺を防ぐ具体案を示せ。教育関係の法律を作るというのなら、「キッズ・ライン法」などの制定が急務ではないか。

②徹底した情報公開

あまりに非公開の情報が多すぎる。

最近の学校関係の事件にしたところで、大本の情報を学校側や教育委員会は把握しているにもかかわらず、メディアにつつかれるまでまったくと言っていいほど隠したままだった。とくに文部科学省など、ここ一〇年近く「いじめによる自殺者数はゼロ」と発表し続けてきた。なぜ、こんなことが起こるのか。すべては上意下達のシステムのせいだ。隠すことで保身を図る。出世しか頭になく、叱責を異常なほど恐れるという教育現場の体質を、いったい誰が作ったのか。

まず、すべてを公開するところからしか、話は始まらない。失敗の原因をきちんと把握し、それを公開することで事態の深刻さをすべての人が共有することが、解決の第一歩である。

学校も教育委員会も、そして文部科学省も、隠してはいけない。

③悩める大人へのカウンセリング

ある程度の規模の企業には、社員の三～五％ほどの「心を病む人」が必ず存在するという。たとえば一〇〇〇人の従業員を擁する企業には、三〇人～五〇人ほどの「心を病む人」がいることになる。もちろん、もっと多い企業もあり、その人数は年々増加傾向にある。

パワハラやセクハラ、いじめや嫌がらせが、大人の世界でも増えているのだ。この事態への対策も急務だ。あの自殺を選んだ校長たちや、岐阜県などで裏金問題などを苦に自殺した幹部も、なぜか、最高幹部ではなくその命令を受ける立場にいた人たちだ。

死ぬことはない。

この人たちを救わねばならない。カウンセリングが必要なのだ。ここにも多くの予算を割くべきだ。

企業はいまや、人員削減などで相当な利益を上げている。しかし、その利益は従業員の給与には向かわず、競争力をつけるという理由でさらなる内部留保に回される。

政府はさらに、国際競争力拡大のためと称して、企業法人税の引き下げさえ検討し始めた。これでは、従業員の生活は少しも改善されない。住宅ローンや消費者金融（サラ金）で借金を抱えたサラリーマンたちは、追い詰められていく。

（注・消費者ローンのグレー金利にこだわってサラ金の味方をしたのは自民党の金融族だったという事実を、しっかりと覚えておいてほしい）

心ある弁護士たちの活躍ばかりに頼っていてはいけない。企業負担のカウンセリング・ルームや、地方自治体の相談窓口を、すぐにでも大拡充、大充実させなければならない。「国力」とは「人材」であることを、どうも政府は忘れている。

④教育委員会の改革

かつて教育委員は公選制であった。すなわち、選挙で選ばれていたのだ。ところが、教育について熱く語る人が革新系に多く、選挙ではその人たちが当選していったという過去がある。

当然、それを嫌がった政府やかつての文部省はこれに猛反発、やがて教育委員会公選制は、東京都中野区の「準公選制」(注・教育委員に立候補した人たちに対し、通常と同じ選挙をし、その当選者をそのまま行政が教育委員に任命するという、公選に準じた制度)を最後に消えてしまったのだ。

この復活をも考えるべきではないか。いまや、革新系などという言葉は死語に近い。もはや政府・自民党もそんなことを恐れてはいまい。

広く公募して、人材を集めたほうがいい。

現在の教育委員はほとんど地方の名誉職化しているとは、よく言われることだ。教員経験者や県庁からの天下り、地方名士(医師や住職、企業社長など)の肩書きに成り下がっている。

それでは、何も見なかったことにし、何も聞かなかったことにする、というのも当然だ。

公選制を導入し、きちんと教育についての意見を聞いたうえで投票する。ダメならばリコールする。こうすれば、いつも上（文部科学省や政府）ばかりを見ていた教育委員たちも、地元住民の意見や批判、提案に耳を傾けざるを得なくなるだろう。

どうか。


いずれも（④を除けば）、いますぐにでも実行可能な対策であるはず。何度でも繰り返すけれど、これまでなんの問題もなかった教育基本法を改定することなど、この教育崩壊の惨状のなかでどんな意味があるのか。

とにかく、先に書いたような対策を（他にもっと優れた案があればそれでもいい）、早急に実現してもらいたい。

どんどん具体的な対策案を出し合って、現状を打破していくことが求められている。

さて、今回はここで終了のつもりだったのだが、どうしても書いておかねばならないことがある。くどいとは思われるかもしれないが、あの核保有論議について、もう一度論理的に考えてみる。

再度、核保有論議のまやかしについて

中川自民党政調会長、どうしても止まらない。

「核保有について議論することがなぜいけないのか。表現の自由を認めないのか」一見もっともに聞こえるこの理屈。中川氏が繰り返すなら、このコラムでも何度でも批判して置かなければならない。

なぜ「まやかし」か？

議論というのは、違う意見が少なくとも二つ以上存在するから成立する。当たり前だ。こんな論理学の初歩が、中川氏にはまるでわかっていない。

たとえば、「私の意見はAである」「いや俺はBという意見を持っている」「よし、どちらが正しいか議論しよう」

少なくとも、こういう状況がなければ、議論は始まらないはず。中川氏は(盟友の麻生氏も)「私は非核三原則を支持しているが」と、言い訳がましく必ず言う。しかし現在、政府内部(与党内部と言い換えてもいい)に「いや、非核三原則は認めない」という意見は皆無なのだ(さすがに怖くて、心では思っていても言い出せないでいるのか)。

つまり、非核三原則支持(仮に意見Aとする)以外の論者は、少なくとも政治家である国会議員のなかには、現在のところ(あの西村議員を除いては)見当たらない。

中川氏は「この議論は政治的に必要だ」と繰り返している。ならば、政治家どうしで議論を闘わせなければならないはずだ。ところが、政治家のなかに「核は保有するべきだ」(仮に意見Bとする)と言う者がいない。

もうおわかりだろう。現在、内心はともかく、意見Bを表明している政治家はいない。意見Aしか現実には存在していないのだ。

意見Aしか存在しない状況で、意見Bを含めて議論しようと言っても、どういう議論が成立するのか。するわけがない。

「私はAだ」「俺もAだ」——。

この後、どんな議論が成立するというのか。

にもかかわらず、中川氏が「核保有について是か非か議論しよう」と繰り返すのは、自分が意見B、つまり「核保有論者」であることを自ら認めているようなものではないか。でなければ、これほどこの議論に固執するわけがわからない。

繰り返す。

中川氏が「議論しよう」と言い続けるのは、自分が非核三原則とは異なる意見を持っているからにほかならない。彼の意見がAであるならば、はなから議論は成立しないのだから、彼の意見はBなのである。

こんな人を自民党要職に置いたまま、その彼の論法を支持し続ける安倍首相もまた、やはり意見Bの「核保有論者」としか思えない。そうではないと言うのならば、早々に中川氏を政調会長から外すべきだし、麻生外相も罷免するべきである。


（〇六年一一月一五日）

最近よく、「日本を戦争のできる国にするな」などという言葉を見聞きする。少し前までは、「まあ、そこまで心配することもないだろう」とか、「大丈夫、日本には憲法九条という歯止めがあるから」、さらには「そういうことばかり言うから、左はダメだって言われるんだ」「過剰反応だよ、誰が戦争したがるもんか」などというのが、まあ、一般的な反応だったと思う。

しかし、このところの安倍内閣の凄まじいばかりの前のめりの姿勢は、そんな楽観論をすでに超えようとしている。もはや、「戦争のできる国」というのは、絵空事ではなくなりつつある。決して単なる杞憂ではない。

理由は、以下のようにたくさんある。

とうとう戦争のできる国へ

①ミサイル迎撃

いつもの手口ではあるが、またも安倍首相、外国メディアでキナ臭い発言をしている。なぜか危ない発言は、日本のメディア向けではなく、いつも欧米のメディアで行う。観測気球のつもりなのか。

今回も、「米国など他国へ向けたミサイルを日本が迎撃するのは、（政府がこれまでできないとしてきた）集団的自衛権の行使にあたるかどうかを研究する考えがある」と、『ワシントン・ポスト』紙のインタビューで語った（『朝日新聞』二〇〇六年一一月一七日）という。

つまり、従来の集団的自衛権の解釈をまたも一歩前に進めて、拡大させようというわけだ。

もちろんこれは、北朝鮮のミサイルを念頭に置いてのことだろうが、その矛先が、いつ中国やロシアに向かわないとも限らない。なぜこうも、自ら敵を作り出そうとするのだろう。

②教育基本法

与党は、沖縄知事選勝利（注・一一月一九日投票、自・公推薦の仲井眞弘多氏が、野党共闘候補の糸数慶子氏を破って保守県政を継続）の余勢をかって、「教育基本法改定」を無理押ししてくるだろう。すでに、衆議院では単独採決。強行採決による沖縄知事選への影響を測りかねていた安倍内閣だったが、この結果でもう怖いものなし。

例の「愛国心」むき出しの攻勢をかけてくる。小・中学校ではこの愛国心を通知表で評価するということまで、安倍首相は公言し始めた。

「お前は愛国心が足りない。成績はCだ。この結果では大学進学はできんぞ」などと言われるような時代がやがてくるだろう。自由に考えることを許さない世界が、ＳＦ小説の中の設定ではなく、もうじき私たちの上に覆いかぶさろうとしている。

ジョージ・オーウェルが書いた反ユートピアSF小説『一九八四年』（新庄哲夫訳、早川書房刊）の恐るべき世界が、世紀の時を超えてこの日本に現れるのか。ビッグ・ブラザー（注・『一九八四年』に登場する独裁者）の声がすべてを統御する自由なき国家。

安倍首相という矮小化されたビッグ・ブラザーが、この小説の形だけをなぞったカリカチュアとして突き進もうとしている。

③防衛庁の省昇格

これも、すぐにでも提案されて出てくるだろう。

「教育基本法改定」を今国会の最重要課題と掲げ、とにかくこれを通すことを最優先してきた安倍内閣だが、その目処《めど》もついたとして、ほとんど同時にこの「防衛庁の省昇格案」も持ち出してくる構えだ。

見落としてならないのは、この案に付随して「自衛隊法改定」も同時に行おうとしている点だ。

自衛隊の海外任務（つまり海外派兵）を、現在のような時限立法ではなく、恒久法にしようという案だ。これまでは、「イラク特別措置法」に見られるように、一つ一つの事案に限って特別立法とし、自衛隊海外派兵を処理してきた。むろん細かな議論が必要になるし、事態の急変によっては撤退も視野に入れておかねばならない。

しかし、恒久法になれば、そんな面倒な手続きは不必要。いつでもどこへでも、ということになる。

まさに、日本軍が日本軍として、アジア諸国や、場合によっては中近東や中欧辺りまで出向いていくことになる。戦後六〇年、営々として築いてきた「平和国家日本」は、なし崩しに消えていくのだ。

④核武装論

青森県六カ所村の核サイクル施設がついに動き出した。ほとんど使う当てのないMOX燃料(注・混合酸化物燃料＝Mixed-Oxide fuel。使用ずみ燃料から取り出されたプルトニウムとウランなどを混合させて、原発燃料として再使用する)を作る施設だ。

各電力会社の幹部たちすら、「ほとんど必要がない。費用がもったいない」と嘆くほどのMOXを、なぜムリヤリに作らなければならないのか。その理由は、プルトニウムの存在にある。プルトニウムは核兵器の原料になる核物質だ。これは、原子力発電所を稼動させればいやおうなく発生するいわゆる核廃棄物なのだが、これがなんと日本には四トン以上も蓄積されてしまっている。使いようがないから、溜まるばかり。

すなわち、核兵器に転用するしか使い道のない物質が、現在の日本には膨大に蓄積されているのだ。その量は、広島型原爆で約五〇〇〇発分。しかも、日本の技術水準からすれば、数カ月後には使用可能な核兵器が生産できる。

諸外国がこれに危惧を抱かないわけがない。イランの核開発にアメリカはじめ各国は神経を尖らせているが、実は、アメリカやヨーロッパでは「日本の核武装」にもそうとうな危惧が持たれているのだ。当然、アジア諸国の目も厳しい。

ＩＡＥＡ（国際原子力機関）はイランに多くの査察員を送り込んでいるが、実は、日本にはそれ以上の人員が査察に入っているという事実を、なぜか日本のメディアはあまり報じていない。それだけ日本の核政策が疑惑視されているのが実情なのだが。

こんな危うい国際環境にあって、中川政調会長も麻生外相も、核保有論議を止めようとしない。

しかもそれを、安倍首相は後押しさえする気配だ。

国際情勢を考えれば、ここはまず核論議を封印するのが、政治家としての当たり前の対応なのだが、そんなことは考えもしないらしい。この先、「日本危険論」が高まってくるのは目に見える。

⑤「共謀罪」

このように、さまざまな危険な法案や政策が推し進められれば、当然、それに対する反発も予想される。そこでまたもやゾンビのごとく生き返ろうとしているのが、「共謀罪」だ。

いろんな方がその危険性を指摘している。たとえば何人かが、「あの政策はおかしいから、反対のためのデモを組織しよう」とか、「私たちの意見を表明したビラを撒こうか」などと相談しただけで、逮捕される可能性だってある。そのデモやビラを違法であると警察や検察が認定してしまえば、その時点でこの相談は「共謀罪」に引っかかる可能性がある。

その他、六〇〇以上の罪が、相談だけでこの「共謀罪」に問われかねない。窃盗罪やわいせつ罪、なんだって危ないのだ。酒場での猥談が盛り上がって、「A子の家の風呂場を覗きに行こうかぁ」なんてバカな話をしただけでも、その場の連中、一網打尽。

最初はもちろん、非政治的なところから始まるだろう。しかし、それがいつの間にか、政治的反対派を弾圧するための法律に化けてしまう。治安維持法や新聞紙条例などの戦前の例を引くまでもあるまい。

（注・一八七五（明治八）年に布告された、一六条からなる新聞取締条例。一九〇九（明治四二）年には、新聞紙法に引き継がれ、治安維持法とともに、言論弾圧の大きな武器となった）

⑥そして、憲法改定

こんなキナ臭い法律や政策の集大成が、当然のごとく「日本国憲法の改定」である。国民（有権者）の反応を見ながら歯切れ悪く意見を小出しにしてきた安倍首相だが、ついにここにきて「任期内での改憲」を公言し始めた。

なぜ、こんなにも憲法改定にこだわるのか。

『マガジン9条』編集部編の『みんなの9条』(集英社新書)で作家の橋本治さんも述べているように「なんでいま、憲法を改定しなければならないのか、その理由がわからない」のだ。改憲にこだわった安倍首相の母方の祖父・岸信介元首相のＤＮＡを受け継いだためというだけでは、理解できない。

六〇年間、軍隊として一人の外国人も殺さなかった「平和国家日本」という輝かしい勲章を、なぜかくもあっさりと捨て去ろうとするのか。

⑦番外
以下は直接、戦争に結びつくものではないが、注意しておいてほしい。

政府のこのところの一連の政策は、明らかに格差の拡大、大企業の優遇でしかない。

法人税の大幅減税が、まもなく実施されるだろう。もちろん、これで潤うのは大企業。経団連の御手洗《みたらい》冨士夫会長がえびす顔になるのもわかる。

「いざなぎ景気を抜いて戦後最長の景気拡大だ」などと日銀及び政府は発表しているが、この一〇年、サラリーマンの実質賃金は下がり続けているのだ。一般庶民の支出額も当然のことながら下がっている。これを称して「景気拡大」とか「好況」などと言う、その神経がわからない。

そして、財政再建のための「消費税アップ」もまた、早晩実施されるだろう。戦後最大の利益を計上している銀行や金融各社が、預貯金の金利をその利益還元として上げてくれただろうか。ほとんどゼロ金利のままだ。

このようにして拡大した格差で辛酸をなめている層に対する「再チャレンジ」とやらが売り物の安倍内閣。だが、その中身は吹き出すしかないほどの貧弱さ、呆れるしかない。

なんと「各官庁で中途採用者を一〇〇人程度増やす」というのが目玉なのだそうだ！

一〇〇人ですよ、一〇〇人。


庶民を食えない状況にまで落とし込んでおいて、やがて、「兵士になれば衣食住は保証されますよ」と甘い誘惑が始まる。これは、妄想だろうか。

いくら働いても正社員並みの賃金を得られない若年ワーキング・プア層が激増している（注・国税庁の調査では、二〇〇五年の年収二〇〇万円以下の給与所得者は九八一万人で、全給与所得者の二一・八％に達するという）。とすれば、彼ら若年貧困層には、「兵士という職業」は天の援けとも見えかねない。

もはや妄想ではないのだ。

安倍内閣の支持率が、各メディアの調査ではかなり下がり始めている。軒並み六〜八％ほどの下落を記録しているようだ。やっとこの内閣の危うさや、その政策の庶民切り捨てぶりが認識され始めたのだろう。

それにしても、公明党はどこまでこの内閣と歩みをともにするのだろう。「反戦平和の党」の旗印が、ゆらゆらと――。

（〇六年一一月二二日）

第5章　ほころぶ衣、剥げる化粧

ついに、「教育基本法改定」に続き「防衛庁の省昇格案」までが衆議院を通過してしまった。これに付随して、自衛隊法までもが改定されようとしている。そして、自衛隊の「海外任務」は、これまでのような暫定措置ではなく、「本来任務」として恒久化されることになる。

そして、次には「共謀罪」や「憲法改正手続きを定める国民投票法案」などが控えている。

かつてはジョークとしてしか受け取られてこなかった「戦争のできる国」作りが、着々と進行中なのだ。

なぜこうも急速に、不気味な体制作りが具体化していくのだろうか。

やはり、この国の右傾化が背景にあるのだろう。

右折ハンドルしかついていない車

(二〇〇六年)一二月一日付けの『朝日新聞』に、興味深い記事が掲載されていた。

新右翼の欧州
右翼支持拡大　深層は
停滞に不安、政治を拒絶

というタイトルの海外ニュース面の記事だ。

このなかで、パスカル・ペリノー氏(現代フランス政治研究所長)という方が、ヨーロッパにおける右翼の台頭の原因を、次のように三つに分析している。

(要約)

①既存の政治に対する拒絶反応、政治家への不信。政権が右でも左でも大差なく、目に見える部分に違いがない場合、不信の受け皿は野党に向かわず、政治そのものへの不満となって現れ、政治全体が見放された。政治家は腐敗し、口先ばかりという政治不信が蔓《まん》延《えん》したヒトラー台頭の一九三〇年代によく似ている。

②社会、経済の停滞。安定雇用の崩壊と失職の恐怖。教育を受けても人生設計が描けない社会の閉塞感。その恐怖や閉塞感のゆえに、多くの労働者や失業者が右翼支持に流れた。

③アイデンティティーの危機。アメリカ一極中心という世界情勢に対するある種のあきらめ。そして中国やインドの台頭で、自国への自信喪失。そこで、神話的な過去の栄光に

すがりたい気持ちを右翼は利用する。

以上がパスカル氏の分析の要約だが、私たちの国にも概《おおむ》ね当てはまるような気がする。とくに、①の指摘は日本の状況そのものだ。

このところの地方の首長や幹部たちの腐敗ぶり、次々と汚職や談合の疑惑で逮捕され、辞任していく県知事や市長たち。

さらには、郵政民営化選挙での造反議員の自民党復党騒ぎ。なんの根拠も理屈もなく、自らの政治信条までかなぐり捨てての復党願い。それを〇七年夏の参議院選挙に利用するためだけに認めようとする自民党の幹部たち。

「政治家は腐敗し、口先ばかり」と国民が受け取るのも、やむを得ない。

また、「防衛庁の省昇格案」で取った民主党の対応。これが自衛隊海外派兵の恒久化に直接かかわる法案であることを知ったうえでの賛成への転換。本来は反対意見を持っていたと見られる民主党内のリベラル派議員たちでさえ、「小沢代表のもとでの結束」という名目で賛成に回ってしまった。

これは「政権が右でも左でも大差なく、目に見える部分に違いがない場合」というパスカル氏の指摘に、ピタリと当てはまる。

与野党の政策にあまり違いが見受けられなければ、どちらを支持するかなどどうでもいいことになり、より強い過激な言動を取る人間に引きずられかねない。

②の指摘も、私たちの国の現状を映し出していると言える。

まさに、安定雇用の崩壊。そして人生設計が描けない恐怖。かなりの教育を受けていながら正社員になれず、働けど働けど食べるだけで精一杯、というワーキング・プア層の大量出現。

ほんとうに、明日がどうなるか、明日をどう生き抜くか、その方法さえわからないのであれば、とにかく過激に現状を打破してくれそうな言動に人びとは吸い寄せられる。

「自民党をぶっ壊す！」と絶叫した小泉氏に圧倒的な支持が集まったのは、これを意味する。

しかし、安倍首相はこの小泉路線を、そのまま受け継ぐわけにはいかなかった。

なにしろ、よく考えもせずに突っ走った小泉氏の政策の整合性は、いたるところで破綻《はたん》をきたしているから、とてもそのままに突き進むことなどできはしない。雇用崩壊をもたらし、格差社会や負け組を大量に生み出したのは、小泉改革のひずみである。放っておけばこのひずみは拡大するばかりだ。だから、安倍首相としては「再チャレンジ」などと、負け組救済を政策として掲げざるを得なかったのだ。

その一つのシンボルとして打ち出したのが、「中央官庁での一〇〇人規模（たった一〇〇人！）のフリーターやニートの中途採用」という、お題目ばかりの政策だった。ところが、こんなチャチな政策でさえ、「フリーターやニートの定義が難しい」との理由で取りやめになったという。

小手先ばかりの「再チャレンジ」など、掛け声だけの誤魔化しだったことがよくわかる結末である。

それでも「再チャレンジ」へ、これから方向性を変えていくならばまだ話はわかる。ところが、政府の税制調査会が打ち出したのは「法人税の軽減」という政策だ。簡単に言えば「企業減税」である。

大田弘子経済財政担当大臣ですら、「景気は回復基調にあるとはいえ、企業収益が社員の給与に反映されていないのが現状」と、景気回復と労働者所得がうまく連動していない点を指摘している。

（注・大田弘子。一九五四年、鹿児島市生まれ。一橋大学社会学部卒。民間会社勤務の後、大阪大、埼玉大の助教授を経て、政策研究大学院大学教授に。二〇〇六年九月、安倍内閣の経済財政担当特命大臣に就任。政策は、竹中平蔵をほぼ踏襲）

つまり、「企業は儲けているが、社員にはその儲けを配分していない」ということだ。そんななかで、なぜ儲かっている企業を減税しなくてはならないのか。当然ここは、労働者への利益の還元を図り、真の消費需要喚起を行っていくのが筋だろう。

「企業の業績が上がれば、いずれ労働者の賃金も上がり、景気は本格的に改善される」というのが、相も変わらぬ財界筋の説明だが、こんな理屈がこの厳しい消費動向のなかで通用すると考えているのだろうか。

そして、それに乗ってしまう政府の経済政策とはなんなのか。

財界が政治献金の再開や上限アップを言い出していることと、この政府の経済政策が関係ないと見ることは、私にはできない。


さらに、派遣労働者法(労働者派遣事業の適正な運営の確保及び派遣労働者の就業条件の整備等に関する法律)の改定も図られている。これはどういうことか。

いままで派遣で働いていた人たちには、同じ会社で三年間同じ業務に従事していれば正社員への道が開かれていた。ところが、これを撤廃しようというのだ。

要するに、企業側がそういう法律に縛られることなく派遣労働者の雇用も打ち切りも自由にできるよう法律で認めてしまおうというわけだ。これも、どう考えても企業に都合のいい改定だ。ここには「再チャレンジ」の精神など、かけらもない。格差を拡大してしまうだけだろう。

かくして人生設計を考えることさえできなくなった若者たちは、どこへ向かうのか。

それが③だ。

中国の台頭は凄まじい。なにしろ一三億の民を持つ大国。その人的資源たるや、ハンパじゃない。中国製の自動車なんて、と笑っていられたのも数年前までだ。その性能は日本製に追いつくところまで達しているというし、とくにＩＴ分野での伸張は著しい。

食物に関しても、日本はもはや中国からの輸入を抜きにしては成り立たないところまで追い込まれている。スーパーで野菜売り場を一回りしてみるがいい。中国産の野菜の量に圧倒されるだろう。日本の貿易量では、対中国がすでにアメリカを抜いて第一位の座を占めている。

ここまで経済的に中国が力をつけてきた以上、外交力をより強化して友好関係を保つことが、日本、ひいてはアジア地域の安定に欠かせないはずなのである。アメリカは、アジア外交の軸を、すでに日本から中国へ移していると、多くの外交専門家は指摘している。

アジア第一の地位を中国に奪われようとしていることに苛立ち、反中国の旗を振りかざす一群の人びとがいる。それらの人たちが、実は安倍首相のブレーンになっていることは、周知の事実である。

確かに、いままで経済的にアジアをリードしてきた日本が、中国にその座を奪われつつあることに悔しさを感じる人たちが「反中国」を言い立てる心情も、わからないではない。だからと言って、それでどうなるのか。日本には日本の行き方があり、外交があるはずだ。外交力を駆使して政治的にアジアの盟主になることは、日本という国にとっては十分に可能性を持った方向なのだ。

アメリカから離れて、独自の外交力を構築すべきときがきている。

パスカル氏が指摘する。

「神話的な過去の栄光にすがりたい気持ちを右翼は利用する」

神話は神話でしかない。現在の世界は神話的発想では動いていない。排外主義的ナショナリズムが、私たちの国を覆わんとしている。他国を傷つけるような言論を繰り返すことが、日本を愛することではない。他国を貶《おとし》めたからといって、日本が偉くなるわけでも素晴らしい国になるわけでもない。

神話は神話として大事にしよう。過去の栄光も、思い出として大切にしよう。そのうえで、新しい栄光を得るために、私たちは世界各国、とくにアジア諸国といい関係を結びたいのだ。

出生率の低下が止まらない。

いずれ私たちの国の「少子高齢化」は行き着くところまで行くだろう。その時、誰がこの国の産業を担うのか。高齢化した社会の介護や医療に携わるのはいったい誰か。

私たちの国は、いまや右折ハンドルしかついていない車のようだ。

右傾化を推し進めている人びと、政府の一部の方々、雑誌やテレビでしきりに排外主義・ナショナリズムを煽る人たち、そしてそれらを支持しているあなたたちに、問いたい。

あなたが排斥している外国や、その国の人びとに働いてもらわなければ立ち行かなくなる日本社会、なぜそれを想像できないのか。
外国人労働者の手を一切借りずに、日本という国が未来永劫まで存続できるとお考えか。絶対に戦争をしない。平和に稼ぎ、暮らすことができる。外国人たちにそんな憧れを持って働きにきてもらえる国に、そしてそんな外国人たちと共生できる国に日本がなることは、はたして夢想だろうか。

（〇六年一二月六日）

自民党のデタラメぶりが、ここにきて際立っている。「郵政選挙造反組の復党問題」「道路特定財源の一般予算化」など、小泉改革の継承を旗印に掲げたはずの安倍首相の腰砕けぶりはハンパじゃない。すべて、参議院選挙の票集めのため。恥も外聞もかなぐり捨てての妥協の産物。とくに、道路特定財源のガソリン税では、いわゆる道路族議員に押し切られて、「真に必要な道路は、これからも作り続ける」と書き込んでしまった。

つまり、「これからは無駄な道路は作らず、ガソリン税などを道路予算に特定するのではなく、一般財源化してほかの目的にも使う」ための改革だったはずが、道路族議員の巻き返しにあい、「必要な道路は作り続ける」と表明してしまったわけだ。

いったい誰が「真に必要かどうか」を判断するのか。地方出身議員の選挙エゴで判断が左右されることになるのは明らかだ。

小さいことは、いいことか？

私の故郷は東北の田舎である。ここにも高速道路ができた。年に何度か里帰りした折に、この道路を車で走ってみる。前後にほとんど車がいない。対向車もポツリポツリ。この高速道、「真に必要な道路」だったのかどうか。

この道路に並行して一般国道が通っている。ここもあまり通行量は多くない。これをもう少し整備拡充すれば、高速道など不必要だったのだ、と地元の人たちさえ言うのだ。

ではいったい、誰がなんのために必要としているのか。

確かに道路やハコモノと呼ばれる巨大な施設(ろくに使われない市民会館やテーマパークなどがそのいい例)の建設中は、それなりの金が地元に落ちる。とはいえ、地元に落ちるのはほんのわずかで、大部分は中央に本社を持つゼネコンが吸い上げていく。そして、それを支えるのが談合。最近、連続して地方自治体の首長たちが逮捕された裏には、この構図が隠されていたわけだ。

百歩譲って、多少でも短期間でも地元が潤うなら、それもよしとしよう。しかし、ハコモノや道路ができ上がった後のメンテナンスの膨大な費用は、ツケとして地方に押し付けられる。結局、一時の金に目がくらんで、後々までのツケを背負い込むことになるだけ。それも、これらの建設には無関係だった一般住民がそのツケを負担せざるを得なくなるのだ。

その典型的な例が、北海道夕張市だ。

市は借金を重ねながら、多くのハコモノを作り続けた。作っている間は、それなりに地元業者は潤っただろう。だが、その結果はどうなったか。

財政再建団体という政府の認定。その認定をもとに、夕張市のあらゆる支出に政府がチェックを入れる。

数百億円の借金を、住民がこれから数十年間にもわたって返済していかなければならない。すべての公共サービスの見直しや廃止、仮借《かしゃく》ない増税、学校の統合と廃止、市営バス代や水道料金の大幅な値上げ。もう病院にも通えないと嘆く老人たち。逃げ出す若者たち。

高齢化にさらに拍車がかかる。そうなれば税収が減るのは当たり前だ。それでも政府は、乾いたタオルからまだ水を搾《しぼ》り出そうとでもするように、締め付けを緩めない。まさに、住民に死ね、と言っているような「見せしめ」。それを総務省や財務省などの政府官僚が押し付けているのだ。

この町から逃げ出すことができる人たちは、まだいい。逃げ出すためのお金や身寄りのない、それこそ死に直面せざるを得ないような最低生活に耐えなければならない老人や弱者は、置き去りだ。

これが小泉改革の後遺症だし、それを受け継いで「小さな政府」を標榜する安倍内閣の政策なのだ。

これまで国が責任を持って行ってきた多くの施策を、民間の力を活用するという名目で切り捨てようとしている。それが「小さな政府」なのだという。その結果、福祉関係項目がねらい撃ちにされている。

だが、その「小さい政府」にボロボロとほころびが見え始めている。

障害者保護を謳った障害者自立支援法なる美しい名前の法律を覚えているだろうか。安倍首相のキャッチフレーズ「美しい国」を、まさに象徴するような法律だったはずだ。

ところが、これが当の障害者たちや彼らの通う施設の運営者たちから猛反発を受けたのだ。それまで無料や低負担ですんでいた施設の使用料や食事代などを、受益者負担という名目で見直し、施設への補助金を大幅に削減、さらには食費や施設使用料などをアップさせたからである。

そのため、通所者が障害者施設で働いて得る賃金よりも負担金が高い、つまり、働けば働くほど持ち出しになってしまうというメチャクチャな現象が生じてしまった。そうなれば、施設へ通えなくなる障害者が続出する。通所者が減れば、施設への補助金は激減する。

こうして、いくつもの施設が危機を迎えてしまった。

さすがにこの事態に、法律の適用を見直そうという動きが出てきた。悲惨な実態が現れなければわからないというのであれば、なんのための行政か、お役所か、官僚か、と声を荒げたくもなる。

これが、「小さな政府」と「美しい国」の典型的な例である。

こんな安倍流「美しい国」の例はたくさんある。

たとえば、イラン人一家四人の特別在留許可の却下。もう一七年間も日本に住んで税金も払い続け、長女は福祉の道に進みたいと短大に合格したばかりだった。なんの問題もなく社会に溶け込み、友人たちが在留許可を求めて署名運動までしてくれたというのに、日本政府は、拒絶した。

長勢甚遠《ながせじんえん》法務大臣は、冷たく言い放った。

「自分の国へお帰んなさい、ということです」

すべての生活基盤は日本にあり、帰国しても暮らすあてがないとわかっている人たちに対するこの仕打ち。

このどこが「美しい国」なのか。この大臣や安倍首相に「美しい国」などと口走る資格があるのだろうか。人権を云々《うんぬん》する資格など、とてもあるとは思えない。

格差拡大政策、企業減税、それに伴う一般庶民への増税、中堅の労働者にサービス残業を強いてしまうことにつながる「ホワイトカラー・エグゼンプション」制度の導入、パート労働者、派遣労働者の正社員化に事実上の扉を閉ざす派遣労働者法の改定、健康保険料の改定(保険加入者の三割負担)、介護保険の値上げ、もう数え上げればきりがない。

これが、安倍首相のスローガン「美しい国」「小さな政府」の内実なのだ。

しかし、いくらなんでもひどすぎる。

熱しやすく冷めやすいと言われる我が国民も、さすがに気づき始めているようで、各メディアの世論調査では、安倍内閣の支持率は急降下中だ。内閣発足からまだ三カ月だというのに、もう支持率が四〇％台にまで落ちたという結果も出てきている。発足直後に比べると、三〇％もの下落だ。これほど短期間に馬脚を現した政権も珍しい。

知人の新聞記者からの情報によれば、首相官邸主導、つまり、安倍首相の仲良し取り巻きで固めた補佐官連中が政治を切り回すという安倍手法は、ここにきて完全に行き詰っているらしい。自民党と官邸がバラバラになり、意見の摺り合わせがほとんどできない状況だという。

とくに、今週各社が発表した世論調査結果を前に、自民党幹部は二〇〇七年夏の参議院選挙の惨敗を念頭に置いて、それ以降の政局を考え始めているのが現状だそうだ。

それにしても、こんな人たちに憲法をいじくり回してほしくはない。

いまや、選挙が心配で「改憲」など考えている余裕もないだろうから、せっせと「政局ごっこ」に精を出し続けていてもらいたい。「改憲」など、忘れていただいてけっこうですから。

（〇六年一二月一三日）

二〇〇七年になりました。
世の中、どうやら総崩れ状態。
国際的にも、イラク情勢に見るブッシュ大統領の悲惨な敗北。
フセイン元大統領処刑に伴うイラク情勢のさらなる悪化。
そして、イラクでの米兵死者三〇〇〇人突破。
北朝鮮の大迷走。
イスラエルとパレスチナの先行きの見えない闘い。
イランの核開発。
大きくは取り上げられないが、ソマリアやスーダンの泥沼の内戦。
温暖化はとめどなく、気象異変は止まらない。
日本でも、何かがガラガラと崩れていく気配。
正月から肉親殺害、家族の崩壊。
そんななかでもとくに、政治の壊れ方がひどい。

スキャンダル政治と財界ビジョン

まず第一弾は、〇六年末の本間正明政府税制調査会会長（前・大阪大学教授）のスキャンダル辞任。「ぜいたくな公務員宿舎は売却すべきだ」と主張していたご本人が、ちゃっかり「妻ではない女性」と一緒に東京の公務員宿舎で暮らしていた、という情けないお粗末。

この人を税調会長に任命したのは、企業減税政策で意見を同じくする安倍首相の強い意志によるものだったという。だから本間氏解任をどうしても避けたくて、安倍首相は優柔不断を絵に描いたような逡巡ぶり。

そこをマスコミから叩かれ、自民党内部からも不満が高まり、仕方なしの解任。自ら煮え湯を飲む破目に陥ったのだ。

それに追い討ちをかけたのが、佐田玄一郎内閣府特命担当大臣(なんなのだ、このポストは?)やはり安倍晋三氏のお友だちのためのお情け人事か?)の架空事務所経費七八〇〇万円をめぐる政治資金規正法違反疑惑。これ以上、内閣支持率が下がってはたまらない。とにかく、年を越さないうちになんとか決着を、とばかり、あっという間の辞任劇。

この佐田さん、祖父・一郎氏は元参議院議員、父・武夫氏は佐田建設の社長という、やっぱりそれなりの筋の一族。親の七光り議員の弊害が、ここにも出てきてしまったようだ。

しかし、本間問題決着のまずさ加減が大批判を浴びた安倍首相、この佐田さんに関しては早期決着を図ってあっさり首を切った。

とりあえずこれでホッと一息、と思う間もなく、本命が現れた。なにかと疑惑の霧が晴れない松岡利勝農林水産大臣である。

この方、とかく悪い噂のあった福岡市の資産運用コンサルティング会社エフ・エー・シー関連団体のNPO法人の認証許可について、内閣府へ圧力をかけたのではないかと疑われている。しかも、「そんなこと絶対にない」と何度も会見でミエを切ったというのに、とうとう追及に屈し、「秘書が問い合わせだけはしたようだが、圧力をかけたわけではない」と、しどろもどろの前言撤回。

またしても「秘書が」の言い訳である。

当コラムで安倍氏を「前言撤回首相」と命名したことがあったけれど、その安倍内閣の閣僚たちも、やはり仲良し友だち、同じ性格とみえる。

むろん、タダで骨を折ってあげたりするわけはない。松岡氏、この疑惑の団体から一二〇万円(もっと多いとの指摘もある)の献金を受けていて問題化した過去もある。それはなんとか切り抜けたつもりでいたようだが、今回のNPO法人の認証圧力疑惑で、献金問題も再燃しそうな気配である。さて、どこまで踏みとどまれるか。

閣僚だけではない。当の安倍首相ご本人もそうとうに危ない。統一協会の合同結婚式に祝電を送ったり、別の新興宗教団体(慧光塾)ともキナ臭い噂が流れていることは、すでに有名だ。さらに、安倍氏の母の洋子氏(あの岸信介元首相の実の娘)の、北海道にある巨大霊園と妙な観音様疑惑、というのも浮上しつつある。

まさに、満身創痍のスキャンダル内閣と化す日も、そう遠くないと思われるのだ。

安倍内閣に限ったことではない。

安倍氏を「晋ちゃん」と親しげに呼ぶ石原慎太郎東京都知事もご同様。出るわ出るわの疑惑大賞。ついには、三男の宏高衆議院議員も登場してのスキャンダル発覚。なんと、福島県知事逮捕にいたった談合事件で逮捕された水谷建設元会長・水谷功被告らに当選の祝宴を銀座吉兆という超高級料亭で開いてもらい、そこで五〇〇万円(三〇〇〇万円という説もある)を受領したというのである。この金の主旨は、いかなるものだったのか。

四男の延啓《のぶひろ》氏にまつわる「余人をもって替えがたい」疑惑に続いての三男疑惑。「一難去ってまた一難」という諺はあるが、「四男の次にはまた三男」である。シャレにもならない。

それでも、とにかく知事の座は美味しいらしく(なにしろ、週に二〜三度しか登庁しなくてもこなせる程度の仕事である)、今春の都知事選にも早々と出馬表明をした。

そして、オリンピック招致を知事選に利用しようと躍起である。自分が言い出したのだから、招致成功までは自分が知事をやるしかないというのが理屈である。それこそオリンピックの政治利用だ。

前都知事の青島幸男さんが、昨年末に亡くなった。石原都知事は青島さんと同年齢。この辺で花道を飾るのが、せめてもの退き際だと思うのだが、それほど権力の座とは魅力的なのか、それとも老いの妄執か。

さらに、なんと今度は、皇太子夫妻にオリンピック招致委員会の名誉総裁就任を要請したいと言い出した。自らの選挙にオリンピック招致を利用しようとし、それに箔をつけるために皇太子夫妻をも利用しようというのだろうか。病気療養中の雅子妃が気の毒とは思わないのか。

北京オリンピックが〇八年に控えている以上、一六年オリンピックの同じアジア地域である東京開催はほとんど無理、というのがジャーナリストたちのほぼ一致した見方だ。石原都知事にしても、それはわかっているに違いない。それでも選挙のためには、利用できるものはすべて利用する。

これもある意味、政治的スキャンダルだ。

噴出する頭の痛い事態に、安倍内閣、その支持率急落に歯止めがかからない。と、そこへ強力助っ人が現れた。

御手洗経団連会長が、〇七年一月一日付けで発表した「希望の国、日本」（通称・「御手洗ビジョン」）と題する、なにやら誰かがぶち上げた空虚な「美しい国へ」に重なるような意見書である。

このビジョンの中身、まったく安倍内閣の方向性に寄り添っているとしか思えない。順を追って見てみよう。

◎法人税の実効税率を一〇％引き下げる。
◎一一年までに、消費税率を二％引き上げ、その後時期をみてさらに三％引き上げる。

つまり、企業は減税して庶民の消費税はアップするというあまりにわかりやすい方針。これは失脚した本間税調会長が主張し、安倍首相も賛同していた「上げ潮路線」という政策だ。企業が儲ければ、いずれそれは社員の給料に反映され、消費が伸び、最終的に景気回復につながるという、すでに破綻した成長路線の繰り返しでしかない。いざなぎ以来の好景気などと浮かれる一部の大企業やメガバンクを除いて、昨年比で給料の上昇したところなどどこにあるのか。

儲けたものは社員には還元しない。その代わり、役員報酬や株主配当はどんどん引き上げる。これが「御手洗ビジョン」の言っていることにほかならない。

社員の給料はこの九年間、数％の下落か、よくて横ばいである。それに対し、役員報酬はほぼ五〇％、株主配当は三倍近くの上昇をみている。よく言われる「格差社会」の格差が広がる一方なのは、このデータからもはっきりと読み取れる。

そして、こうした政策を推進してくれるよう、自民党には政治献金を増やすのだ。すぐさま、その要請に応じたのが銀行業界。

まず先頭を切って、三菱東京ＵＦＪ銀行が政治献金再開を決定。当然のように、「自民党を中心に」献金を行っていくという。ほかのメガバンクも検討中だ。われわれの預金にはひとたらしの利子しか払わず、そのおかげで史上最高の利益を計上しながら、儲けは預金者に還元せずに自民党へ献金する。ご立派としか言いようがない。

◎労働関係諸制度の抜本的見直しを図る。

これが、このところ論議の的になっている「ホワイトカラー・エグゼンプション」を意味していることは、自明だろう。

すなわち、ある一定以上の年収の社員に労働時間の自由裁量制を敷き、代わりに残業手当を撤廃する、というもの。

「時間内に仕事が終わらず残業をするのは、その社員の能力の問題。そんな能力の低いヤツに残業代を払う必要などない。さっさと仕事を片付けられる有能な社員にとっては労働時間の短縮になる」という理屈だ。

では、能力以上の仕事を押し付け、残業せざるを得ないような状態にしておいて、「残業するのはお前の能力の問題だから、残業代など払わない」という経営者が出てきたら、どうするのか。どう考えても、企業に都合のいい制度であることは間違いない。

さすがにこれに対する労働者側の反発は強く、財界べったりと言われる自民党内部からさえ「いまはまずい。参院選に影響する」と、懸念の声が出始めているし、連立与党公明党の太田昭宏代表も反対の意向を示している。

だが、安倍首相だけはどうあってもこの制度を実現したいらしい。一月六日付けの『朝日新聞』で、こんなことを言っている。

安倍首相は5日、一定条件下で会社員の残業代をゼロにする「ホワイトカラー・エグゼンプション」の導入について「日本人は少し働きすぎじゃないかという感じを持っている方も多いのではないか」と述べ、労働時間短縮につながるとの見方を示した。さらに「(労働時間短縮の結果で増えることになる)家で過ごす時間は、例えば少子化(対策)にとっても必要。ワーク・ライフ・バランス(仕事と生活の調和)を見直していくべきだ」とも述べ、出生率の増加にも役立つという考えを示した。(以下略)

安倍首相、子どもを産めないのは家で過ごす時間が少ないからだと思っているらしい。育児環境や収入、男女間の賃金格差、非正規労働者のワーキング・プア化などの諸問題はまるで頭にないようだ。能天気と言うしかない。

御手洗ビジョンはさらに続く。

◎企業現場や官公庁でも、国旗国歌（日の丸君が代）実施を徹底させ、愛国心の高揚を図る。

もうこうなれば、ファシズムに限りなく近づきつつあると言わざるを得ない。公立学校ではほぼ一〇〇％、国旗掲揚、国歌斉唱を実現させた。あとは仕事の現場だということか。日常の仕事と日の丸君が代に、いったいどんな関連があるというのか。「そんなことほっといてくれ、仕事はきちんとやるから」ではもう通らない社会になってしまう。日の丸君が代に批判的な人は就職できない世の中を、どうもこの御手洗という人物は望んでいるらしい。

経済のグローバル化などと言いながら、企業現場で愛国心を押し付ける。では、同じ現場で働く外国人労働者はどうすればいいのか。

こんな矛盾を抱えたまま、御手洗ビジョンはさらに暴走する。

◎早い時期に憲法を改正して、集団的自衛権の行使を認める。

ついに本音が出た。結局は、ここに行き着く。

所得格差を拡大させ、最終的には憲法を改定して集団的自衛権を認め、自衛隊を自衛軍に改組して軍備の増強を図る。格差が拡大すれば、低所得にあえぐ若年層は軍隊へと流れる。

たとえ徴兵制など敷かなくても、安定した賃金と大学進学枠の優先権を与えれば、若者は軍隊に志願するだろう。

考えすぎだ、などと言ってはいけない。現にアメリカではその傾向が際立っている。事実、イラクに従軍している米軍兵士の約七〇%は貧困層だというデータもある。そこで鍛えられた従順な若者は、そのまま従順な労働者として企業にとって頼もしい存在となる。

よく考えられたシナリオである。そして、当然の帰結でもある。

このような政治的内容にまであからさまに踏み込んだビジョンを、なぜいま、経団連という「財界の総本山」が打ち出したのか。

これについて、「ふむ、なるほどな」と頷かざるを得ないニュースが流れてきた。

政府・自民党は、「武器輸出三原則の見直し」を考えているというのだ。

この「武器輸出三原則」とは、一九六七年に当時の佐藤栄作首相が国会答弁で述べたもので、①共産圏諸国、②国連決議により武器輸出が禁止されている国、③国際紛争当事国及びその恐れのある国には武器を輸出しない、とした原則である。

これはさらに七六年、当時の三木武夫首相により、対象地域外にも輸出は慎む、と規制が強化された。

八一年には、時の中曽根首相により、アメリカに対してのみ規制を緩めたが、それでも武器の共同生産だけは認められなかった。〇四年になって小泉首相のもと「安全保障と防衛力に関する懇談会」でさらなる規制緩和の方向性が示されたが、今回、それを具体的に明文化して武器輸出に踏み込もうとしているのだ。

もちろん御手洗経団連に代表される財界は、諸手を挙げて大賛成の様相だ。

まさに、なるほど、である。

少なくとも、自国の軍隊の手で人は殺さず、また自国の兵器輸出を禁じることで日本製兵器での他国民の殺傷は免れてきたのが、私たちの国ではなかったか。日本のＮＰＯが紛争国でも比較的自由に活動できたのは、その平和イメージがあってこそだった。その誇りを、ついに自ら捨て去ろうというのだ。

金儲けのためには、武器であれなんであれ利用する。これを普通の言葉で「死の商人」と言う。


御手洗冨士夫氏は、キヤノン株式会社の社長と会長を経て経団連会長に登りつめた人物である。

キヤノンは、ある時期まで政治献金をしない会社として有名だった。しかし、御手洗氏が社長になって政治献金が始まった。そして今回の、きわめて政治性の高い「御手洗ビジョン」である。

一人の人物のせいで、会社や財界そのものが変質させられていくのだろうか。それとも、これは日本財界そのものの変質を示しているのか。

キャノンは光学分野の精密機器メーカーとして最有力の大企業だ。光学分野の技術は、ミサイルの誘導装置など兵器には欠かせない。もし他国との武器共同生産規制が緩和されることになれば、この光学技術は大きな利益を生むことになる。御手洗氏の提言は、それも踏まえてのことなのだろうか。

自分の周辺を見てみる。

ＰＣ関連機器やカメラなど、身の回りにかなりのキヤノン製品を見つけた。御手洗氏は、いまもキヤノンの会長を兼務している。

私は、御手洗氏が経団連会長を辞めてキヤノンと縁を切らないかぎり、もう同社製品は買うまいと心に決めた。小さくとも、私の抗議の意志である。

（〇七年一月一〇日）

このところ、自民党はしきりに「憲法改正のための手続法・国民投票法」の早期成立を言い立てている。

例によって、揉めそうな案件は参院選に影響しないように、なるべく早い時期に片付けてしまおうという意図である。中川秀直幹事長に続いて、二階俊博国会対策委員長なども「(〇七年)五月三日の憲法記念日前の決着」を言い出した。

そして、どうも民主党もこの成立に手を貸しそうな気配である。「憲法問題」は、まさに、風雲急を告げてきた。

国民投票法の落とし穴

この法案は、報道されているように「憲法改正のための手続法」である。日本国憲法を改定するには、その是非を国民投票にかけて国民の意思を問わなければならない。そのためには、投票の方法や手続きなどを定めた細かなルールが必要となる。

ところが、現行の日本国憲法には、「憲法改正には国民投票が必要」と記されているだけで、その具体的な手続きについてはなんの定めも書かれていない。そこで、改憲するためにはどうしてもその前段階として、改憲のための手続法である国民投票法を作っておかなければならない、ということになる。

憲法を改定するためには、まず国会議員総数の三分の二以上の賛成で「改憲の発議」をしなければならない。

これが大前提だ。この発議の後、憲法改定の是非を問う国民投票が実施されることになる。すでに衆議院では、改憲の発議に必要な全議員総数の三分の二以上を与党(自民・公明)が占めている。また、野党である民主党のなかにも、憲法改定に積極的な議員はかなりの数が存在している。

したがってこの状況下では、衆議院で、いつ「憲法改定の発議」がなされても不思議ではない。

しかし、衆議院だけで発議が成立するわけではない。

参議院では、与党だけでは総数の三分の二に達していない。だからこそ安倍首相は、改憲を参院選の争点にして大勝利し、衆参両院での「改憲の発議」を行いたいと、必死なのだ。

国民投票法案そのものは、国会で過半数が賛成すればいいのだから、与党だけの賛成多数でいつでも成立させられる。とすれば、現在の社民・共産両党の主張のように、国民投票法そのものの成立阻止を図るのも一つの戦術ではあるけれど、この法案が成立してしまったときに備えて、あらかじめその内容を吟味しておくこともまた必要である。

その意味で、国民投票こそが民主主義の原点だと考える市民グループが「国民投票法市民案」の作成に尽力しているのは、敬意に値する仕事だろう。それは、自民党が最初に作った改憲派寄りの内容の国民投票法案を、かなり真っ当な案にまで引き寄せたものとして評価していいとは思う。

しかし、この案のなかに、私にはどうしても納得できない部分がある。

「テレビ広告(スポットCM)を、投票の二週間前から法規制し、全面的に禁止する」という部分である。これは当然、二週間以前はCM(コマーシャル)をテレビで流すのは自由である、ということを意味する。

では、二週間以前のテレビ広告についてはどう考えるのか?

その答えとしては、「二週間以前は、メディア側の自主規制に任せる」ということなのだそうだ。改憲の発議から投票までは、六〇日以上一八〇日以内とされている。とすれば、四六日以上一六六日以内(当然、それ以前も)は、テレビ広告はメディア側の自主規制に頼るしかないということになる。

では、メディア側の自主規制は、どこまで信頼できるか?

いわゆる「御手洗ビジョン」では、「憲法改正に向けて尽力する」と、はっきりと謳われている。経団連とは、日本財界の総本山だ。そこが改憲を打ち出しているのだ。これは、日本の大企業の連合体が、そうとうの資金をつぎ込んででも憲法改正に邁進すると宣言したということにほかならない。

テレビ番組の大スポンサーたちが「改憲広告を流したい」と要請してきた場合、テレビ局が「不公平だから、一方的な改憲広告は受けられません」とか「それなら護憲広告も同量で」などと言えるだろうか?

とても悔しいことだけれど、長い間あるメディアのなかに身を置いてきた私の感想として、それは不可能だと言うしかない。

民放テレビ局は当然ながら、広告費で運営されている。だから広告スポンサーには頭が上がらない。そのスポンサーの総元締めである経団連の意向にテレビ局が逆らえるとは、とても思えないのだ。

ひるがえって、護憲派はどうか。

言うまでもない。資金的な裏づけなど、改憲派の数十分の一、もしくは数百分の一といったところだろう。

とすれば、結果はわかりきっている。投票の二週間前まで豊富な資金量にものを言わせて、「明るい未来は憲法変えて!」とか「美しい憲法と日本!」などの一五秒CMが、美人タレント総動員のニッコリ笑顔でテレビ画面を占領してしまうことになるだろう。

「憲法変えて」「憲法変えて」「憲法変えて」——。これがついには耳について離れないようになる。投票所で、「憲法変えて、に◯」。まさに、マインド・コントロールである。「国民を馬鹿にしてはいけない。国民はそんなマインド・コントロールに騙されるほど愚かではない。もっと国民を信用するべきだ」と反論する方もいる。その意見はもっともだ。しかし、あの小泉選挙で何が起こったか？

「抵抗勢力との闘いだぁ！」とか「改革なくして成長なしっ！」などと絶叫する小泉首相のワンフレーズを、一五秒ＣＭなみにテレビのワイドショーが繰り返し繰り返し流し続けた結果何が起こったかを、あなたはもうお忘れか？

それを考えるだけで、テレビのスポットＣＭの威力は知れるのだ。しかも、このＣＭの陰には、大手広告代理店の存在がちらつく。いまや、戦争すらもプロデュースしてしまうほどの力を持つ広告代理店が、この憲法をめぐる闘いで暗躍しないわけがない。冗談などではない。たとえば『戦争広告代理店』（高木徹著、講談社文庫）を読んでみるといい。恐ろしい実態が見えてくる。

護憲派の細々とした広告が、市民カンパなどによって少量は流れるだろうが、そんなものはしょせん蟷螂《とうろう》の斧。自民党と財界、そして大手広告代理店という「魔の三者連合」にかなうわけもない。護憲派ＣＭなど、瞬く間に改憲派広告に駆逐されるに違いない。

いくら護憲派がテレビ局に「自主規制」を迫ったところで、それこそ「資本の論理」、金の力の前にはなんの効力も持てはしまい。門前払いだ。

私は、国民投票発議後のテレビＣＭは、全面禁止にするべきだと考えている。そうでなければ、とても公平な投票になるとは思えないからだ。

「表現の自由」を守るという建前から、表現手段であるＣＭも規制すべきではない、と主張する人がメディア関係者には多い。しかし、二週間前からの法規制も、同じ法規制ではないか。規制反対論者が二週間前からの規制についてだけは認める、というのでは矛盾する。

ＣＭを全面規制したうえで、各テレビ局が独自に制作する討論番組や解説番組、さらにはバラエティ番組で改憲問題を扱うことなどは、まったく自由にすればいい。そこで各局の見識が問われることになるだろうが、それはその局の責任である。

自由に番組を作ることと広告を規制することは、同じ「表現の自由」という範疇《はんちゅう》では論じられないと思うのだ。広告という金が絡んだ表現と自由な番組作りとを同次元で論議すること自体、間違ってはいないだろうか。

民放連や日本弁護士連合会なども、この表現の自由ということで全面規制には反対らしいが、もう一考を促しておきたい。

それでもなお、表現の自由という建前で規制反対というのであれば、では、こんな案はいかがか？

テレビＣＭを、全面解禁とする。ただし、一つ条件をつける。

この改憲国民投票に関するCMに限って、放送料金を通常の二倍にする。片方の主張には、必ずもう一方の主張のCMのオンエアも義務付ける。だから、テレビ局が損をしないように、通常の二倍の料金とする。

つまり、改憲派がCMを流す場合、護憲派のCMも同じ時間帯に同じ分量だけ流さなければならない。そのための二倍料金なのだ。これ以外に、営利に走るテレビ局を納得させられる方法はない。しょせん金の話だ、多く持っているほうに多く出させればいいだけのことではないか。

こうすれば、公平である。もちろん、護憲派が独自でCMを流す場合も同じ。当然、改憲派のCM料金も負担する。公平である。お金持ちと貧乏人のケンカには、これぐらいのハンディがあってしかるべきだと思うのだ。

もちろん、こんな案が実現可能とは思わない。改憲派が受け入れるはずがないからだ。それでも、こうでもしなければ到底、公平さなど担保されない。

かくして、憲法をめぐる闘いは、ついに始まってしまったのである。

そんなところへ、ゾンビ法案がまたも現れようとしている。

一度は、あまりの評判の悪さに引っ込められたはずの法案の成立を、安倍首相がまたも言い出したのだ。まったく懲りない人物である。

『毎日新聞』(一月二〇日付け)は、以下のように報じている。

—見出し—

共謀罪成立を首相指示

政府・与党に困惑

真意いぶかる声も

—リード—

安倍晋三首相が19日、共謀罪創設法案(組織犯罪処罰法改正案)を通常国会で成立させるよう唐突に指示したことに対し、「寝耳に水」の与党では戸惑いが広がっている。同法案には世論の批判が強く、参院選への悪影響を懸念する与党は、国会開会前に早々と成立先送りの方針を固めていたためだ。政府内にも首相の真意をいぶかる声があり、安倍首相と塩崎恭久官房長官が、またしても十分な根回しのないまま独走したとの見方も出ている。

—記事—

「信じられない。なぜこんな話をしたんだ」。首相指示を伝え聞いた公明党国対幹部は19日、怒りを込めた口調で語った。参院選にマイナスな法案は極力先送りしたいのが本音だからだ。

自民党国対幹部も「首相からは何も聞いていない。知恵を付けて持ってきてもらわないと」とこぼした。(以下略)

相変わらず、行き当たりばったりの安倍首相。しかし、彼の腹は透けて見える。ゴリ押しでもなんでもとにかく、憲法改定に突っ走りたいのだ。

そのためには、改定反対勢力を力ずくででも押さえ込んでしまいたいということなのだろう。

前回の「共謀罪」論議の際に指摘されたように、たとえば「改憲反対デモ」の相談や打ち合わせをしただけでも、罪に問われかねない。

「そんなことはない」といくら政府・自民党が言いつくろっても、反戦ビラを撒いただけで逮捕されるというような実例が、すでにたくさん報告されている以上、そんな言い分はとても信用できない。「ビラ撒き」から「デモ相談」へと、逮捕の対象がすぐに拡大されてしまうに違いない。

かつて、このコラムでそう書いたら、「何を言うのか。なんのために裁判所があると思っているのか。もし無実ならば、裁判で判断してもらえばいいではないか。それが民主国家だ」というような、なんともスゴイ反論をいただいたことがある。

普通に暮らしている人にとって、「逮捕される」ということが、いかに恐ろしいことか、この人はまるで理解していない。というより、想像力が欠如している。たとえ一日であっても、警察に拘置されることの恐怖。

有罪か無罪か、そんなことは権力側にとってはどうでもいいのだ。「逮捕の恐怖」という脅しを最大限に利用して、反政府的な言動を取り締まる。それが「共謀罪」の目的なのだ。

この安倍首相の突然の「共謀罪成立指示」発言には、新聞記事にあるように、さすがの与党内部からも、疑問や危惧の声が上がっている。まさに「殿、ご乱心!」である。安倍首相、頭に血が昇ったとしか考えられない。て言うか、シンジラレナーイ(注・日本ハムファイターズのヒルマン監督が、〇六年のプロ野球日本シリーズ優勝の喜びに叫んだ言葉)。

まあ、このコラムで何度も指摘してきたように、すぐに前言をひるがえす「撤回首相」のことだから、これも選挙に不利と誰か長老にでも叱られれば、すぐに引っ込めてしまうかもしれないのだけれど。

(〇七年一月二四日)

なんだか安倍内閣、迷走が止まらない。

事務所経費を誤魔化した佐田大臣の首を切って、やっと一息ついたと思ったら、松岡農水相、伊吹文明文科相、中川自民党政調会長と、事務所経費の不正流用問題が続出。さらには尾身幸次財務相に、公費で長女を海外視察に同行させたという疑惑が発覚。

そして今度は、逢沢一郎衆議院議院運営委員長の宮崎県知事選での選挙違反疑惑。もう、とどまるところを知らない乱れカラクリ。

このほかにも、数々の疑惑情報がいま、永田町を飛び交っている。いずれ、それらが一斉に火を噴くはず。知人の週刊誌記者によれば「あと三名の閣僚の疑惑を追いかけている。そのうちの一人は、確実に進退問題に発展するネタだ」とのこと。たぶん、二〜三週間のうちに、ある週刊誌から発火するだろう。そこへ今度は、柳沢厚労相の「女性は産む機械」発言。

そんななか、見過ごせないニュースがあった。

ＮＨＫと政治家

ＮＨＫの番組改変問題で、東京高裁はＮＨＫに対し賠償命令を下した。これは、「戦時下の性暴力」を扱ったＮＨＫの番組をめぐり、その取材に協力した市民団体が「政治家たちの圧力によって、自分たちが受けた説明とは違った番組が作られ、異なる内容で放送されたことに対して賠償を求める」として裁判に訴えたもの。

（注・二〇〇一年一月三〇日に、ＮＨＫ教育テレビでオンエアされたドキュメンタリー『問われる戦時性暴力』において放送直前に政治家の圧力によって、内容が一部、改編されたと言われる問題）

この裁判で、東京高裁は「ＮＨＫ幹部たちが放送前に安倍晋三官房長官（当時）らに面談し、その際の安倍氏らの発言を必要以上に重く受け止め、その意図を忖度《そんたく》して、番組内容を改編して放送した」と認定、ＮＨＫや番組制作にかかわった二社に対し、計二〇〇万円を市民団体に支払うよう命じた。

この件では、安倍氏と中川昭一氏がＮＨＫに対し、番組の内容に偏向があるとして、その内容を改変するように圧力をかけたと『朝日新聞』が報じたことから事件が発覚。番組制作プロデューサーも「政治家の圧力があった」と涙の内部告発を行った。

それに対し、安倍氏も中川氏も「そんな事実はない」として『朝日新聞』を非難、さらにＮＨＫも「改編は独自の判断」だったとして『朝日新聞』を訴え、泥仕合の様相を呈していたのだ。

今回の東京高裁の判断では、政治家の圧力を明確には認定していない。しかし、ＮＨＫ側が「政治家の意図を忖度」、つまり、政治家（安倍氏や中川氏ら）の意見にＮＨＫが左右されたのだということを、はっきりと述べている。限りなく黒に近い灰色といったところだろう。

予算を国会で承認してもらわなければならない立場のＮＨＫにとって、政府中枢の政治家たちから強く意見を言われれば、それを圧力と感じても仕方ないことだろう。

そして、「政治家の圧力があった」と認めてしまえばその政治家たちの怒りを買うことになるから、「圧力はなかった」と言い続けるしかない。安倍氏も中川氏も、ＮＨＫが口が裂けても「圧力があった」とは言えないことを見越したうえで、「私は圧力などかけていない」と嘯《うそぶ》くのである。

まことに汚いやり口である。

安倍首相はこの判決の感想を聞かれ、「これで政治家が番組改編に介入していないということが明確になったわけだ」と発言。さらには「ＮＨＫが会いに来たが、私はこの番組がいつ放送されるかも知らなかった」とまで語った。

アッパレというしかない。

会って話したことは認めているのである。そこで「意見」を述べただけだと言う。会って番組について話しながら、その放送日を知らなかったとは、いくらなんでも普通では通用しない理屈である。

一般には通らない理屈を平然と述べられることが、政治家の資質であるとでも勘違いしているのだろうか。

意見を言うことがすなわち圧力となりうるということを認識していない政治家。それがほんとうであるとするならば、それだけで政治家失格である。

このような人が、いまや私たちの国の総理大臣なのである。

世論調査では、このところ安倍内閣の支持率は激しい下降曲線を示している。世間も、見てくれの良さではない安倍氏の内実にようやく気づき始めたのかもしれない。この人には早々にお引取り願いたいのだが、さて、ではその後を誰に託せばいいのか。

考えれば頭が痛くなる。そして、悲しくなるのである。


（〇七年一月三一日）

注目されていた二つの地方選挙が終わった（注・二月四日に投・開票が行われた、愛知県知事選と宮崎県知事選、それに北九州市長選）。与野党がそれぞれに候補をたてて、久しぶりに真っ向からぶつかるという、四月の統一地方選挙や夏の参議院選挙の前哨戦としても注目されていた選挙だった。

この選挙でもっとも関心を集めたのは、いったいなんだったか？知人のジャーナリストたちや政治家秘書などからいろいろと情報をもらった。裏話も含め、それらをもとに、この選挙について考えてみる。

震え上がった自民党――無党派層の行方

結果はもう繰り返すまでもないが、愛知県知事選挙では自民・公明が推した現職の神田真秋氏、北九州市長選挙では民主・社民・国民の野党が推した北橋健治氏が勝った。

普通なら、まあ痛み分け、双方とも顔が立ったというところで、めでたしめでたしなわけだが、今回ばかりはそうはいかなかった。

なぜか？

圧勝、ないしは楽勝と見られていた愛知県知事選で、三選を目指した現職が大苦戦を強いられたからだ。

この神田知事、愛・地球博や中部国際空港などの大型事業をなんとか成功させ、さらには名古屋を中心とした中部経済圏の絶好調に支えられて、二期八年間の任期をつつがなくこなしてきた人物である。

地方首長選では現職が圧倒的に有利であることは定説だし、神田氏のように目立った失政もなく地域経済も絶好調となれば、負ける要素などまったくなかったのだ。

ところが蓋を開けてみれば、神田氏一四二万四七六一票対石田芳弘氏（前犬山市長、民主・社民・国民推薦）一三五万五七一三票という大接戦。かろうじて七万票弱の差で神田氏が逃げ切ったが、共産党が推した阿部精六氏の得た一六万八二七票を野党票に加えれば、神田氏は惨敗といっていい数字なのだ。これには、自民党執行部も色を失った。

与党幹部も、北九州市では候補者の知名度から考えて敗戦も覚悟していたようだが、愛知でこれほど苦戦するとは、思ってもいなかったのだ。

選挙戦初期には圧勝ムードが漂い、陣営の楽観論に気を引き締めるよう指示を出さなければならないほどの余裕を見せていた自・公両党だったが、まずは、宮崎県の「そのまんま現象」で首をかしげた。

（注・〇七年一月二一日に行われた宮崎県知事選では、タレントのそのまんま東（東国原英夫）氏

が、元林野庁長官・川村秀三郎氏、元経産省課長・持永哲志氏を圧倒的大差で破って当選した）

「どうも風がおかしい」と、宮崎県知事選で最初に言い出したのは、選挙戦の宣伝などを仕切る広報セクションだったらしい。最初は泡沫《ほうまつ》候補扱いだったそのまんま東氏が、日を追うごとに無党派層に浸透していく様子に、文字通り泡を食った。

「官僚出身候補を擁立したのは間違いだったかもしれない」との声が出始めたのは、投票日の四〜五日前だったという。

民主党が対立候補さえ立てられない状況のなかで、いかに保守分裂とはいえ、自民党にとっては「負けるはずのない選挙」だったのだ。万が一、自民推薦候補が敗れたとしても、もう一人の保守系候補が勝てば、大勢に影響はない。自民党は、どうもそう考えていたふしもある。いずれにしろ、そのまんま東候補など眼中になかった。

しかし、風は確実に吹いていた。各メディアの調査からは、しだいにそのまんま旋風が吹き募っていく様子がうかがえた。そして、そのまんま東氏の圧勝！

自民党幹部が思わず真っ青になったのも、当然だった。

国政での安倍内閣のもたつきぶりはあったとしても、それは中央での話、地方政治には無関係とばかりにノンビリ構えていた自民党地方組織は、無党派層の動向などにはとんと無関心だった。

人びとの心が読めない、声を聞くことができない。保守王国といわれる宮崎県で、自民党は負けるべくして負けたのである。

そして、今回の二つの選挙である。

「そのまんま現象」に若干の危惧は持っていたものの、愛知県の神田知事陣営には安泰ムードが漂っていた。だが、その圧勝楽勝ムードは、例の「柳沢(厚労相の女性は産む機械)発言」で一変した。投票日三日前あたりから、「とにかく危ない。応援を頼む」と地元から悲痛とも言える声が上がり始める。神田陣営が「あの発言はまったく許しがたい。しかし、あれは国政レベルの話であり、このように実績を積み重ねてきた神田知事にはかかわりない」といかに弁明に努めようが、吹き始めた自民党への逆風はおさまらなかった。

そして投票日、二月四日。

投票率は前回よりも、愛知県で一三%、北九州市ではなんと一八%も上昇した。その投票率アップの知らせを耳にした自民党のある幹部は、「これでは、二つとも負けだ」と青くなって吐き捨てたという。

無党派層が投票率を押し上げたのだということは、投票所の出口調査ですでにわかっていた。そして、事前の予測として、今回は無党派層の多くは野党候補に流れそうだとも言われていた。この幹部が「二つとも負け」を覚悟したのも理由のないことではなかったのだ。

北九州市の野党候補当確のテレビ速報が流れたのは、午後九時。ところが、愛知県での当確は、午後一一時を回っても流れなかった。それだけ接戦だったというわけだ。与党幹部が冷や汗を流しながら待った結果は、ようやく一一時一〇分ごろに速報された。普通の選挙なら、二〇～三〇％の開票段階で打たれる「当確」が、この愛知県知事選に限っては、七〇％を超えても打たれなかった。

選挙報道のプロたちにさえ、どちらが勝つか土壇場までわからなかったほどの接戦だったのである。

選挙が終わって、政府首脳は一斉に「これでとにかく、禊《みそぎ》はすんだ。柳沢大臣の問題には一応の決着がついた」と、柳沢発言に幕引きをしようと懸命だ。しかし、そうは問屋が卸さない。

この無党派層の大量離反という現象に、夏の選挙を控える自民党参議院議員たちの間に猛烈な危機感が漂い始めているのだ。

東北地方で立候補予定の自民党現職議員は、次のように言う。

「このままでは、参院選など闘えない。これから予算委員会が再開されて、毎回のように柳沢大臣が野党に攻め立てられ、そのたびにあの発言が有権者に思い出されるのでは、票が減っていくばかりだ。どうあっても、柳沢大臣には早い時期に辞めてもらわなければならない。小泉首相が取り込んだ無党派層は、安倍内閣のもとですっかり逃げていってしまった。これ以上、情勢を悪化させるわけにはいかない」

自民党の舛添要一参議院議員は公然と柳沢批判、そして首相批判を繰り返している。

「官邸は民意に鈍感だ。すでに裸の王様になっているのではないか」と痛烈だ。それに対して、批判された当の安倍首相は「そうは思いませんね」と、まるで他人事みたいにボソボソ。

実はこの舛添発言の裏には、彼に同調するかなりの数の議員たちが存在すると言われている。危機感を持った議員たちの不満を、舛添氏が代弁しているという構図だ。それほど、安倍首相の党内基盤は弱まっているわけだ。

柳沢大臣が辞めれば、事態は安倍首相の任命責任にまで発展する。そうすれば安倍内閣はガタガタになり、長くはもたない。

しかし、あるジャーナリストは、「安倍内閣がどうなろうと、それよりも自分の選挙が大事、というのが、今回改選期を迎える自民党参議院議員の本音でしょう」と解説してくれた。とすれば、成立からたった四カ月ほどで、もはや安倍内閣は「死に体」になってしまったということか。

内閣支持率の急降下も止まらない。

中川自民党幹事長は、今回の選挙に関して次のように述べた。

「自民党の支持率は確かに下がっているが、民主党の支持率も上がっていない。支持なし層が増えているだけだ」

まあ、悔しまぎれの発言とは思うけれど、この人、事の本質が見えていない。支持なし層の投票行動が問題なのだ。

この支持なし層の雪崩現象が、宮崎県や北九州市、そして辛勝したとはいえ、愛知県での結果に結びついたのではないか。「古い自民党へ先祖返りしてしまった安倍内閣」は、その支持なし層を引きつけることができない、その結果が今回の選挙だったということに気づいていないのだ。


所得格差がどんどん開いていくなかで、生活に密着した政策にはほとんど触れずに、教育改革だの憲法改正だの美しい国づくりだのと、絵空事ばかりを繰り返す安倍首相。では彼は、はたして起死回生のための秘策を持っているのだろうか？

「それはズバリ内閣改造。柳沢大臣をここまで庇《かば》い続けた以上、いまさら罷免なんてことはできない。とすれば、穏やかに柳沢大臣に辞めてもらうには、内閣改造で全員一緒にとりあえず辞めてもらう、それしか手段はない。予算が国会で通った後、参院選前に改造に踏み切るだろう。官邸は、それで乗り切るつもりだ。とくに、新閣僚に民間からの有名人を起用するなどのサプライズ人事を行って、参院選のてこ入れを図るつもりらしい」

という裏情報が、いま永田町でささやかれている。


（〇七年二月七日）

ほんとうに暖かな冬。ああ、過ごしやすくてよかったなあ、と言いたいところだけれど、やはり何かヘン。近所の公園ではもう散り始めた梅もあるし、いまにも咲きそうに膨らんだ桜の蕾《つぼみ》さえ見える。

この冬は、日本で気象観測が行われるようになってから史上最高の暖かさであることがほぼ確定しているという。これはなにも日本に限らない。この現象は世界中で起きているのだ。

不気味である。

この不気味な冬を歩きながら、ふと、ある人物のことを思い出した。

不都合な人びと――『不都合な真実』と日本

地球温暖化問題に警鐘を鳴らしているゴア前アメリカ副大統領の『不都合な真実』に、私たちはもっと耳を傾けるべきではないか。

このアル・ゴア氏とはどんな人物か。

彼は、一九九三年から二期八年間にわたって、民主党のクリントン大統領を支えた副大統領であった。そして、その職責を果たしながら、環境問題を深く研究調査していた。

（注・ゴア氏はすでに八〇年、上院議員時代に『地球の掟』という環境保護を訴える本を執筆刊行し、その本はベストセラーになっていた。つまり、それほど以前から環境問題に深い関心をもっていたということである）

最近話題になっている『不都合な真実』は、ゴア前副大統領の地球温暖化についての講演を軸にした映画だ。ゴア氏はこの一月に来日してテレビ出演などもこなしたから、知っている人も多いのではないか。

さらにこれは単行本としても出版され、日本でも翻訳されてランダムハウス講談社から刊行されている。ちょっと値段は高い（税込二九四〇円）が、ぜひ目を通してほしい一冊である。

ゴア氏は、二〇〇〇年のアメリカ大統領選挙に民主党候補として出馬、共和党のブッシュ現大統領と死闘を演じたが、まったくの僅差でブッシュに敗れた。しかし、この選挙にはいまだに疑問がつきまとっている。

最後までもつれて勝敗の帰趨がわからなかった段階で、ブッシュに肩入れしていたと見られるFOXテレビがフロリダ州でのブッシュ勝利を速報。これが、ゴア敗退につながったのではないかと見られているからだ。

もちろんその報道の裏側には、父親ブッシュ元大統領と彼の盟友であるFOXテレビ経営者たちの暗躍があったとされる。

ありそうな話ではある。

さらに、このときのフロリダ州の開票ではデタラメさが数々指摘されているが、これらの疑問にブッシュ有利の裁定を下したフロリダ州の司法長官がのちにブッシュ政権下で高官に登用されるなど、どうにもすっきりしない結末となったのである。

このときの大統領選挙では総得票数の多かったゴア氏が敗れるという「不都合」が起きた。これは、選挙人総取り制と呼ばれる、アメリカ独特の大統領選挙の制度に原因がある。だからゴア氏はいまでも、講演の前振りに「一瞬だけアメリカ大統領であったゴアです」という苦いジョークを入れることもある。

もしも(歴史に「もしも」は許されないというが)、このときの選挙でゴア氏が勝利していれば(すなわち、ブッシュが大統領でなかったならば)、イラク戦争は避けられたであろうというのがほとんどの識者が抱く思いである。とすれば、三〇〇〇人を超える米軍の死者も出なかっただろう。ましてや、すでに一〇万人を大きく超えたと推定されているイラク民間人の死者数をも、数える必要はなかったはずだ。

歴史は、確かに「不都合な真実」を内包しているのである。

そのアメリカでは現在、ブッシュ大統領が、民主党からイラク問題に加えて環境問題に対する姿勢をも問われ、攻勢にさらされている。しかし、ほとんどまともには答えられず、シドロモドロの答弁を繰り返している。

地球温暖化を食い止めるために各国のCO$_2$などの温室効果ガスの削減を取り決めた「京都議定書」に強硬に反対し、その批准を拒否したのが、財界寄りの政策を取り続けた当のブッシュなのだから、攻められても答えようがないわけだ。

（注・「京都議定書」とは、正式には「気候変動に関する国際連合枠組条約の京都議定書」という。一九九七年一二月に京都国際会館で開かれた地球温暖化防止京都会議＝第三回気候変動枠組条約締約国会議で決議された議定書のことをいう）

国連機関のIPCC（気候変動に関する政府間パネル）も、正式に「地球の温暖化は人間の活動の影響によるところが大きい」という報告を、二〇〇七年二月一日に発表した。すなわち、二一世紀末には、地球の平均温度が最大で六・四度、海面は最大で五九センチ上昇するという「第四次報告書」を、このIPCCがまとめたのである。いまや、事態は緊急を要するところまできている。

だが、この国連機関が発表した公的な報告書があるにもかかわらず、ブッシュ大統領も共和党も、依然として環境問題に真摯に取り組む姿勢を見せていない。財界の献金で支えられているブッシュ政権だけに、なんとか言い訳に終始して逃げ切ろうとしているのだ。

地球温暖化は、中国やインド、ブラジルなどの発展に伴う影響もさることながら、先進諸国の経済活動などの影響が大きな原因であるということが世界の常識となっている。その温暖化ガスの最大排出国であるアメリカの大統領が、頑としてそれを認めようとはしないのだ。世界が呆れ返るのも無理はない。

ネオコンたちの影響力を背景に、環境問題など無視。ひたすらイラク戦争に突っ走っておきながら、いまさらオタオタするブッシュ大統領。政権末期の悪あがきと言わざるを得ない。


日本ではどうか。

安倍首相は相変わらず「憲法改正を参議院選挙の重要争点に」などと、現実の国民の生活感覚からズレた発言を繰り返して、自民党内や公明党幹部からも批判を浴びている。安倍首相の頭の中には、環境も格差も年金も介護保険も税金も、まるでかけらもないようだ。ひたすら「憲法改正を争点に」と言い続ける。

これには、与党幹部もそうとう頭にきている。

たとえば、自民党の選挙を取り仕切る立場の谷津義雄選挙対策総局長は、公然と「憲法問題など、参院選の争点にはならない。もっと格差問題などを訴えるべきだ」と、安倍首相を批判。

まあ、選挙対策を司る責任者としては当然の発言だろうと思うけれど、これに当の安倍首相は猛反発。「首相としての私が争点にすると言っているのだ」と不快感をあらわにした。

安倍内閣、ボロボロである。

スキャンダルの雨嵐、閣僚の不適切差別発言、首相批判とも取れる不規則発言、閣内不一致の見本みたいな内閣である。そのうえ、選挙対策の責任者にまで「これじゃ闘えない」と批判される始末なのだから、もうどうしようもない。

しかも、自民党内部だけではない。

公明党の太田代表も「国民の関心のありどころは、そこではない。もっと身近な問題を取り上げるべき」と、やはり安倍首相の方針に異を唱えている。支持母体の創価学会に、九条改憲に危惧を抱く意見が多いことを意識しての発言のようだ。

なんだか安倍首相、ブッシュ大統領に似てきているのではないか。

国民の八割がすでに「イラク戦争は間違いだった」と考えているというアメリカ世論を置き去りにしたまま、またもやイラクへ二万人以上の規模の米兵増派を強行しつつあるブッシュ。

かたや、安倍首相。

ブッシュでさえ「イラク政策には一定程度の誤りがあった」と認めざるを得なくなっているというのに、いまだに日本政府が取ったアメリカ追随のイラク政策の誤りを認めようともしない。

そして、いま私たちの国でもっとも急を要するワーキング・プアなどの格差問題はそっちのけにして、まるでお題目のように「かいけんカイケン改憲――」と唱える安倍首相。支持率も、もはや急落の一途。

ブッシュ大統領の任期は二〇〇八年まで。さて、安倍首相、そこまで命脈を保つことができるかどうか。

それにしても、私たちの国の政治家のなかに、アル・ゴアはいるだろうか？

顔が、浮かばない――。

（〇七年二月一四日）

安倍政権が末期症状に喘いでいる。

柳沢厚労相の「女性は産む機械」発言の余波がおさまらないというのに、今度は伊吹文科相が「人権メタボリック症候群」などと、まるで人権を無視せよといわんばかりの発言。

野党に対して、どんどん追及の材料を提供している。いったい、安倍内閣の閣僚たちは何を考えているのだろう。

さらに、中川自民党幹事長がまたもや「閣僚は首相にもっと絶対的忠誠心を持て」と繰り返す。まるで、安倍首相を閣僚たちがないがしろにしていることを公的に認めるような言い回しを続けている。これには、さすがに安倍首相「どうぞ、ご自由に発言いただきたい」と、もう勝手にしろといわんばかりの不快感を表した。

きわめつけは、郵政民営化に反対した落選議員の衛藤《えとう》晟一《せいいち》氏の復党問題だ。衛藤氏は、安倍首相の仲良しグループの一員。だからどうあっても自民党に復党させ、この夏の参院選に出馬させたいのが安倍首相の意向だ。

これには、「絶対に復党は認めない」と言い続けてきた中川幹事長も大困惑。記者団に問い詰められて返答に窮する。政府と与党との間のギクシャクぶりが、ますますあからさまになってきている。

党内からは不平不満の嵐だ。舛添要一参議院議員などは「百害あって一利なし。参議院は衆議院で落ちた奴の姥捨《うばす》て山じゃない！」と大激怒。

もう一貫性も何もあったもんじゃない。とにかく行き当たりばったりの思いつき。これほどひどい内閣も久しぶりである。

財界とは何をする人びとの集まりなのか

（〇七年）二月最後の週、『朝日新聞』『読売新聞』に続いて、『毎日新聞』も世論調査結果を発表した。それによると、安倍内閣の支持率は三六％、不支持が四一％と、ここでもまた支持不支持が逆転。支持率は危険水域の三〇％台に突入。とくに目立ったのが、いままで比較的高かった女性の支持率が急速に下がってきたこと。

何度も繰り返すようだが、もはや政権末期の様相そのものだ。

しかし、そんな安倍内閣にも強力な応援団が存在する。

御手洗経団連会長が、二月二六日の記者会見で、次のようなことを言っている。

「現在約四〇％の法人実効税率を、三〇％程度の水準にまで引き下げるよう求めているが、その財源として現在五％の消費税を二〇一一年までに二％、一五年までに三％ぐらい引き上げたい」

法人税率を一〇%下げるには約四兆円以上の財源が必要になる。それを、消費税アップでまかなおうというわけだ。企業減税と庶民への消費税アップをセットでやろうということである。

この一〇年間で、一般従業員の年収は三～五%ほど落ち込んでいる。それに対し、役員報酬は約一五〇%以上、株主配当にいたっては約三倍に増えているという。にもかかわらず、これから先もっと会社の儲けを増やし、役員給与や株主配当を手づかみにしようというわけだ。

これが、いわゆる「財界」のトップが目論むビジョン、「御手洗ビジョン」なのである。御手洗会長は、キヤノンの会長でもある。そのキヤノンが「偽装請負疑惑」で問題になっている。国会で、キヤノンで働く派遣労働者が勤務実態を告発したのだ。

それに関しての御手洗会長の発言もすごい。

「派遣、請負の分野ができ、会社が一人一人に声をかけなくても大量に雇えるようになった」

（『朝日新聞』二月二七日付け）

自社の派遣労働者法違反に、まるで反省の色などない。とにかく非正規労働者を簡単に雇えるようになってありがたい、働く者の待遇などは省みるつもりもない、ということなのである。

さて、この「偽装請負」とはどういうことか。

「請負」とは、請負会社がメーカーなどから仕事の発注を受け、独立して仕事をこなしてメーカーへ納品する、というものだ。いわゆる下請け会社や孫請け会社などがこれにあたる。

これに対し「派遣労働」とは、派遣会社からメーカーに派遣された労働者が、メーカーの社員の指揮下で仕事をするということ。

ところがキヤノンでは、派遣労働者にメーカー側社員の指揮下で仕事をさせながら、「請負」と偽っていたという。これでは使用者責任が不明確になり、労働者派遣法に違反することになる。本来なら、三年間同じ会社で派遣労働すれば、雇った側は正社員への道を開かなくてはならない。しかし、「請負」であれば、請負会社の所属ということだから、メーカー側は正社員化への義務を負わずにすむ。

だから、この「請負」と「派遣労働」が三年の間に交互に繰り返されれば、いつまで経ってもこの派遣労働者に正社員登用の道は開けない。「三年間継続した派遣労働」に該当しないからだ。むろん、同じ労働をしていても、給与は正社員の半分以下だ。このきわめて明確な違法行為が、キヤノンでは長い間行われていたのだ。

その実態を、キヤノン宇都宮工場で働く大野秀之さんという方が、国会の予算委員会公聴会で証言した。その証言を知っていながら、御手洗会長は前記のような発言をしたのだ。

しかも、御手洗会長は政府の経済財政諮問会議の委員でもある。財界の意志を、そのまま政策に反映させられるわけだ。結局、政府が財界の言いなりになっていると思われても仕方ない。政治献金という餌に、自民党は食らいついてしまっている。

御手洗会長が安倍首相の熱烈な応援団になるのも、理解できる。思ったとおりに動いてくれるのだから、こんなに御しやすい首相もいないと思っているのだろう。

「偽装請負」が、急増している。

厚労省の発表によれば、「偽装請負」に絡んで人材会社など請負事業者を違反があったとして文書指導した件数は、〇六年四月～一二月のたった九カ月間で一四〇三件と、〇五年度の六一六件に比べ倍以上に増えていたという。

法律の裏をくぐって違法な労働条件を押し付け、それによって史上空前の利益を得ているのが現在の「財界」のお偉方たちなのだ。

かつて、私はこのコラムで「御手洗氏が経団連会長を辞めてキヤノンと縁を切らないかぎり、もう同社製品は買うまい」と書いた。その気持ちは、最近のキヤノンについての報道を見ていていっそう強くなっている。

御手洗会長だけではない。もっと凄まじい人がいる。

奥谷禮子氏だ。彼女は、ザ・アールという人材派遣会社の社長である。派遣労働で利益を上げている会社だ。

『週刊ポスト』三月九日号が詳しく奥谷氏のことを報じているので、そのなかから彼女の驚くべき発言を引用してみよう。

「労働者を甘やかしすぎたと思います」(〇六年一〇月二四日、厚労相の諮問機関・労働政策審議会の労働条件分科会での発言)

「過労死を含めて、これは自己管理だと私は思います」(『週刊東洋経済』〇七年一月一三日号)

「祝日もいっさいなくすべきです。二四時間三六五日を自主的に判断して、まとめて働いたらまとめて休むというように、個別に決めていく社会にかわっていくべきだと思いますよ」(同)

「労働基準監督署も不要です。個別企業の労使が契約で決めていけばいいこと。『残業が多すぎる。不当だ』と思えば、労働者が訴えれば民法で済むこと」(同)

「中高年の雇用維持と引き換えに、若者の新規採用を抑える構図になっているというわけである。これは横から眺めれば、親子で職の奪い合いをしている姿で、決して見栄えのいいものではない。親は子を思う生き物であれば、賃下げも解雇も涙を飲んで認めたらどうか」(『PHPほんとうの時代』〇一年三月号)

失業者については、「あれこれとえり好みするところに発生する一種のぜいたく失業だと思う」(『産経新聞』〇二年一月三一日付け)

どうですか、この発言の数々。

過労死は自己責任だと言う。

誰が死ぬまで働きたいものか。そうせざるを得ないように追い込まれて、仕方なく長時間労働に耐えているだけではないか。

不当だったら会社を訴えろと言う。

しかし、リストラをしようと虎視眈々《こしたんたん》と狙っている企業を、社員が訴えることなど可能だろうか。すぐにリストラ対象者名簿のトップにリストアップされるだけではないか。できないことを百も承知で、弱い立場の労働者に一方的に責任を押し付けている。

親子の職の奪い合いだって?

親は子どものために死ねと言っているに等しい。企業は、年齢の高い(給料が比較的高い)社員を切り、若い(給料の安い)社員に置き換え、それだけで経費節減を達成できる。一石二鳥である。経営者にとってはなんとも都合のいい理屈だ。

ぜいたく失業、という言い方もひどすぎる。

いわゆる「ワーキング・プア」の実態を知らないはずがない。知ったうえで、彼らの上前をはねておいて、こんなことを言う。あなたの会社の派遣労働者たちはどうなのかと、問い詰めてみたくなる。

奥谷氏は、残業代ゼロ法案として大批判を浴びた例の「ホワイトカラー・エグゼンプション」のもっとも強硬な推進論者でもある。これらの発言から考えて、残業代を出したくない経営者たちからもてはやされるのは当然だ。「財界のマドンナ」と呼ばれ、財界のお年寄りたちに可愛がられるわけである。

また彼女は、林真理子氏らとともに小泉前首相の女性ブレーンの一人として、政界にも太いパイプを持っていた。「小泉改革を踏襲する」という安倍首相が、奥谷氏を大事にしないわけがない。

こんな人たちが牛耳る「財界」だから、このところの政治的な右傾化は著《いちじる》しい。憲法改定は言うに及ばず、武器輸出三原則まで踏みにじろうとしている。グローバル化する経済において国際競争力をつけるには、どうしても法人税率の引き下げが必要だと強調する。そのためにも、あらゆる規制を取り払って、アメリカとの武器の共同開発や輸出も認めるべきだと言うのだ。

ネオコンに支配されたアメリカに追随して、日本版ネオコンが大量発生している自民党は、「財界」にはとても可愛く見えているに違いない。

かつて私は、絶頂期にあった堤清二氏にインタビューしたことがある。そのとき私が「堤さんは財界人として、この件について――」と問いかけると、堤氏はこちらの質問を遮ってこう言った。

「私は経済人ではありますが、財界人なんかではありません」と。

つまり、財界などという「業界」に所属しているつもりはない。経済活動をしている一経営者にすぎない、ということだったと思う。

もはや、こんな大企業経営者は珍しい存在になってしまった。「財界」という名の「業界人」ばかりだ。業界人は、自分の属する業界の利益にしか目を向けない。

国家の経済をどう運営していくのか、自分の企業で働く従業員にどうやって利益を還元するのか、さらにはこの国全体のために、経営者としての自分に何ができるのか。そんな問いかけを忘れた「財界人」ばかりが幅を利かせる。

私たち国民はいま、とてもひどい政府を持つ不幸のなかにいるが、同時にそれ以上にひどい財界という足枷をも嵌《は》められている気がしてならない。

（〇七年二月二八日）

改憲派の人たちがよく言うセリフに次のようなものがある。

「そんなに日本国憲法がいいものならば、なぜ世界に広がらないのか。そして、護憲派の連中は、なぜ憲法九条を世界に輸出しないのか」

かなり痛いところをついた批判ではある。

しかし、こんな答えもあるのだ。来日していたボリビアのモラレス大統領の講演である。

憲法九条、世界へ

以下、『朝日新聞』三月七日付け記事による。


来日中のモラレス・ボリビア大統領が6日、東京都内の日本貿易振興機構(ジェトロ)で講演し、「新憲法で戦争を放棄する」と語った。

同国は徴兵制を敷き、約4万6千人の軍を持つと見られるが、「軍隊なしで人命を救える。武装放棄しながら、社会的な戦いを続ける」とも述べた。

憲法改正は05年の大統領選での公約。先住民出身の大統領として、すでに明言している先住民の権利拡充などに加え、新たな目玉を加えた形だ。

モラレス氏は講演で、「戦争は解決策にならない」「唯一の良かった戦争である独立戦争でも、混血の人たちや先住民の人命が失われた」などと話した。

またモラレス氏は同日、安倍首相と首相官邸で会談した際も、戦争放棄をうたう日本の憲法を念頭に、「ボリビアは日本のような大国ではないが、似た点もある。人々が手に手を取って平和に生きる社会。そういう観点から、戦争放棄を憲法改正で掲げたい」と語った。

日本発の「九条の精神」が、中南米でコスタリカに続いてもう一つ、花を咲かせようとしている。

（注・コスタリカ憲法第一二条には「恒久的制度としての軍隊は廃止する。公共の秩序の監視と維持のために必要な警察力は保持する。大陸間の協定、又は国防のためにのみ軍隊を組織できる。但し、いずれの場合も文民権力に常に従属する」とある）

遅い歩みではあるけれど、それでも確実に進んではいるのだ。

モラレス大統領は、明らかに日本国憲法第九条を下敷きにしたボリビアの憲法改正を考えている。安倍首相に語った言葉からも、それは感じられる。

改憲を急ぎ、九条を葬るのが念願の安倍首相は、いったい、このモラレス大統領の言葉をどんな思いで聞いたのだろう。そして、いったいどう答えたのだろう。

残念ながら、『朝日新聞』の記事では安倍首相の反応については何も触れてはいない。たぶん、苦虫を噛み潰したような顔をしていたに違いない。自分が殺そうとしているものを、他国の大統領が生み育てようというのだから。

少しずつではあるけれど、こうして「九条の精神」は世界へ広まりつつある。

だから、私たちは夢を見ていいのだ。

九条の種が、世界の片隅から芽を出し、しだいにさまざまな場所でその芽を膨らませ、やがて大きな花を咲かせる光景を、夢想してかまわないのだ。

それはとんでもないほど遠い未来かもしれないが、いつかきっと、そんなときがくることを、私は夢見続けたいと思っている。

（〇七年三月一三日）

おわりに――小鳥の声で目覚めながら

夏が過ぎ、秋が来て、やがて雪雲の合間から春の陽射しが降り注ぎ、季節はめぐる。愛国心などというものと無縁でいたいけれど、そんな四季を持つこの国の風土が、いまの私を作ったことは疑いない。

ふるさとに帰れば、そこにはまだゆるやかな自然が息づいている。いや、私が現在住んでいる東京郊外のこの街のそこここにさえ、人たちが育てた木々や草花が、柔らかな風に揺れている。だから、小鳥のさえずりで目覚めることができる。

ほんの小さな庭がある。それこそ猫の額ほどもない狭さだが、たくさんの花を植えた。灌木も少しだけ、目隠しのために塀に沿って植えてある。蝶々や蜂が、花の蜜を求めて、ひらひらぶーんと飛び交う。蚊がとても多いけれど、その痒さよりも花々の匂いのほうを優先する。

小鳥の餌台を、慣れぬ日曜大工で仕上げた。ちょっとグラグラするけれど、なに、小鳥の体重ぐらいは支えられる。あまったご飯粒や、時には奮発してひまわりの種なんかを買い込んできて、餌台に置く。小鳥たちが集まってくる。

とくに、餌が少なくなる冬場には、朝も早いうちから小鳥たちの「腹減ったコール」が始まって、うるさいほどだ。庭に住みついているノラ猫が、餌台の下で小鳥を狙っているが、捕まるようなドジな鳥はほとんどいない。それでも猫は、毎朝のお勤めのように、餌台の下でチュクチュクとさえずる小鳥たちを見上げている。見ようによっては、小鳥たちを見守っている番猫(?)のようにも思えてくる。


そんな日常が、いま、続いている。これからも、続いてほしいと願っている。

だが、どうもそんな穏やかな暮らしが嫌いな人たちの一群が、確かに存在するらしい。とにかく誰かを敵にして、大声で非難し罵倒しなければ気がすまない人たちがいるらしい。その筆頭が、安倍晋三首相ではないか。

彼にとっては「戦後レジーム」というのが、不倶戴天《ふぐたいてん》の敵らしいのだ。なぜそんなに戦後を憎むのか、私には理解できない。戦後という時代が、彼にいったいどんな傷を与えたというのだろう。

著名な政治家の家系に生まれ、何一つ不自由なく育ち、私費留学までさせてもらい、あげくに父の地盤や後援会をそっくり引き継いで、さしたる苦労もなく代議士に当選した。それは、戦後という平和な時代が与えてくれた恩恵ではなかったのか。なのに、その戦後からの脱却を訴える。平和に飽きたということか。不思議である。

私は、平和には、絶対に飽きない。

二〇〇七年七月末、その安倍氏の率いる自民党は、参院選において歴史的敗北を喫した。それは「やはり平和がいいのだ」と思う人びとの意志表示ではなかったか。年金や政治とカネの問題ばかりがクローズアップされた選挙だったけれど、自民惨敗の根底には、「九条改憲」を叫ぶ安倍首相に対する国民の違和感や恐れがあったのではないか。少なくとも、私はそう思いたい。

若者が閉塞状況に追い込まれている。「『丸山真男』をひっぱたきたい――31歳フリーター。希望は、戦争。」(赤木智弘著、『論座』二〇〇七年一月号)などという論文さえ、雑誌の誌面を飾るようになった。息がつまりそうで、先行きの見えない世の中を一気に転換させるには、もうすでに戦争という手段しか残されていないのではないか。そう訴える論調だ。むろん、アイロニーではあるのだけれど、その気分は確かに時代を表している。かつて『気分は、もう戦争』(大友克洋・矢作俊彦著、双葉社、一九八四年一月)という漫画があったけれど、それが描かれた時代と現在とは明らかに違う。現実に、戦争がすぐそこに見え始めている。

だから私は、この本のサブタイトルを「過去《いま》を忘れないための現在《かこ》」とした。過去は現在につながっている。過去は現在なのだ。現在は過去の反映でしかない。現在を見つめるためには、現在を生き抜くためには、過去を忘れてはならない。現在がなぜこうなってしまったのかを、過去を忘れぬことで読み解くしかない。執拗に、過去にこだわり続けることで、ようやく現在の自分に行き着ける。自分の居場所を確認できる。私はそう思うのだ。

このコラムに連載の場所を与えてくれた『マガジン9条』について、少しだけ説明しておく。このウェブマガジンは、二〇〇五年三月に立ち上げられた。毎週水曜日、年三回の合併号を除き、現在まで途切れることなく更新されている。当時の憲法九条がおかれている状況に危機感を抱いた数人の仲間が、知り合いや著名人に声をかけて、半年ほどの準備期間ののち、ようやく創刊にこぎつけたものである。

私もボランティアとして参加しているが、これほど充実したサイトは、たぶんほかには見当たらないだろう。優に週刊誌一冊分ほどの読み応えがあり、連載陣も豪華絢爛、しかも、無料である。初期にはあまりアクセス数も伸びなかったのだが、いつの間にか口コミ(ネットコミ?)で広がり始め、いまでは多い月には来訪者数は二〇万人に達しているという。その人気を背負って、このマガジンからは、『みんなの9条』『憲法の力』(ともに集英社新書)という二冊の本も生まれている。この本は、当サイト生まれの本としては三冊目ということになる。

www.magazine 9.jp にぜひ一度、アクセスしてみてほしい。

最後に、こうした内容の本の出版を決め、徹底して伴走してくれたコモンズの大江正章編集長と姜順子さん、そしてデザイン担当の芹沢啓二さん、『マガジン9条』のスタッフのみなさんに、心からの感謝をささげたい。

二〇〇七年八月一五日

鈴木　耕

【著者紹介】

鈴木　耕（すずき　こう）

1945年　秋田県生まれ。

1970年　早稲田大学文学部文芸科卒業、出版社に入社。芸能誌、青年誌などを経て、若者向け週刊誌の編集長、新書編集部部長などを務める。

2005年　ボランティア・スタッフとして、ウェブマガジン「マガジン９条」の立ち上げに参加。

2006年　出版社を退社。

現　在　フリー編集者＆ライター。「マガジン９条」の活動を手伝う。

目覚めたら、戦争。

二〇〇七年九月二〇日　初版発行

著　者　鈴木　耕

発行者　大江正章

発行所　コモンズ

東京都新宿区下落合一-五-一〇-一〇〇二

TEL〇三（五三八六）六九七二

FAX〇三（五三八六）六九四五

振替　〇〇一一〇-五-四〇〇一二〇

info@commonsonline.co.jp

http://www.commonsonline.co.jp/

印刷／東京創文社・製本／東京美術紙工

乱丁・落丁はお取り替えいたします。

ISBN 978-4-86187-039-2 C 0036

＊好評の既刊書